Rich Dad's Why The Rich Get Richer

金持ち父さんの
金持ちがますます金持ちになる理由

ロバート・キヨサキ
井上純子 訳

筑摩書房

金持ち父さんの金持ちがますます金持ちになる理由

目次

この本は、ヤフーファイナンスの連載コラム
「金持ちがますます金持ちになる理由」の第１回から第50回までを
まとめたものです。
http://quote.yahoo.co.jp/

Japanese translation rights licensed by
GoldPress Publishing LLC.

金持ち父さんの金持ちがますます金持ちになる理由

第1回 良いアドバイスが良いアドバイスにならないとき

1998年1月のある日、私は、とても人気の高いモーニングショーを見ていた。とびきり魅力的な男女2人の番組ホストが歯を見せてにっこり笑い、こう言った。「今朝は、当テレビネットワークきっての投資の専門家をスタジオにお招きし、年頭にあたって投資のアドバイスをいただきます」

映像が切り替わり、このうえなく魅力的な若い女性がカメラに向かって微笑み、口を開いた。「1998年は、一生懸命働いてお金を貯め、借金から抜け出し、長期投資・分散投資をすることですね」

ホストの女性が笑顔で言った。「なんてすばらしいアドバイスでしょう。皆さんよく聞いてくださいね」

男性の番組ホストは、自分はもう少し頭の切れる知的な人間だと言わんばかりにちょっと眉間にしわを寄せ、次のように聞いた。「お勧めの投資は何ですか?」

その若く魅力的な女性は完ぺきな笑顔を作って、投資信託のポートフォリオを十分に分散し、テクノロジー分野の業種に重点を置くようお勧めしますと言った。

「すばらしいアドバイスですね」と番組ホストたちが口をそろえて言った。2人はまたカメラに向かってにっこり笑い、この専門家に番組に出演してアドバイスをくれたことのお礼を言った。そして番組のコマーシャルが流れた。投資信託会社のコマーシャルだった。

このテレビ番組は、それから2005年に至るまでずっと同じ専門家を招き、毎回まったく同じアドバイスを繰り返した。「一生懸命働いてお金を貯め、借金から抜け出し、長期投資・分散投資をすることです」変わったのは、年と3人が着ていた服ぐらいだ。1998年1月の番組をそのまま再放送し続けたとしても、大して代わり映えしなかっただろう……同じアドバイス、同じ笑顔……だが結果は悲惨だった。

1995年から2005年までの間に、このアドバイスに従った何百万もの人々が失ったお金は、ある推計によれば7兆ドルから9兆ドルにもなるという。それだけのお金を失った以上に不幸だったのは、そのアドバイスに従った人々が、エコノミスト誌が空前の金融ブームと呼んだほどの好機を見逃してしまったことだ。だから、そのような投資をした人たちは、2000年から2003年にかけての株価の暴落で大損しただけでなく、好況だった不動産市場や商品市場で儲け損ねてしまった。これが悪いアドバイスの代償だ。

これから私は、「一生懸命働いてお金を貯め、借金から抜け出し、長期投資・分散投資をしなさい」というお金に関する標準的なアドバイスがなぜ良くないのかについて詳しく説明していくが、その理由は、このアドバイスが時代遅れになっているからだ。世界は変わった。しかしアドバイスは昔のままだ。

●金持ち父さんのアドバイス

1997年に、私は妻のキム、ビジネスパートナーのシャロン・レクターと共に『金持ち父さん　貧乏父さん』というささやかな本を自費出版した。それは私の2人の父親についての本当の話だ……1人は高い教育を受けた教師でハワイ州の教育局長にまでなった男、もう1人は13歳で学校を中退した男だ。教育局長のほうが私の実の父親で、私は「貧乏父さん」と呼んでいる。「金持ち父さん」は私の親友の父親だ。

私たちがこの本を自費出版したのは、大手出版社に断られたからだ。この本が売れると思った出版社は1つもなかった。だが、『金持ち父さん　貧乏父さん』は、ニューヨークタイムズ紙のベストセラーリストに、もう5年近くも載り続けている。そのような偉業を達成した本はほかには3冊しかない。またこの本は、45か国語以上の言語で出版されており、世界で2500万部近く売れている。

『金持ち父さん　貧乏父さん』の人気が非常に高い理由の1つは、この本が、金持ちがなぜますます金持ちになるのか、そして何百万という他の人々が、お金に関してなぜ危険な時代遅れのアドバイス、つまりお金を貯めて長期投資・分散投資をしなさいというようなアドバイスに従ってしまうのかについて説明していることにある。もう1つの理由は、何百万という人々が株式市場で何兆ドルもお金を失った間に、金持ち父さんのアドバイスに従った人々の多くが大金持ちになったからだ。

だから私は、ヤフー・ファイナンスにコラムを書くように頼まれて大変光栄に思っている。また私の本を読んですでにご存知の皆さんには、この場を借りてお礼を申し上げたい。まだご存知でない方にも、このコラムが、お金に関する一般の読み物とはまったく別物であることがおわかりいただけるだろう。

もしあなたが、お金やビジネス、投資の世界について新しい考えを知りたいと思っているなら、このコラムが役に立つだろう。明るい話題や誰もが知りたがるような情報ばかり書けるとは限らないが、どれも事実や実体験に基づいたものだ。

また、このコラムの目的は、投資の方法や商品について具体的なアドバイスを提供することではない。私が投資しているものが、私にとって危険でなくても、ほとんどの人にとっては危険すぎるものかもしれない。私は金や石油、銀、出版、製造、不動産などの会社を立ち上げてきたが、それらの会社の株を売るために書いているわけでもない。私に売るものがあるとすれば、それはお金に関する教育ツール、あなたのファイナンシャル教育を応援するために考案された本やゲームなどの製品だろう。

私が執筆活動をしているのは、お金について新しい考え方を求めている人々を導き、現実に目を向けてもらうためだ。また、楽しく学んでもらい、そして何よりも重要なことだが、皆さんに教育を提供するためだ……たとえそれが一般にはなじみのない考え方についてであってもだ。今の時代、金持ちになるチャンスはかつてないほどたくさんある。だが、「一生懸命働いてお金を貯め、借金から抜け出して、長期投資・分散投資をしなさい」という時代遅れのアドバイスに従っている人は、金持ちにはなれないかもしれない。実際、そんなアドバイスを聞いていると、ますます貧乏になってしまうかもしれないのだ。

（2005年9月22日）

第2回 一生懸命働いて、稼ぎが減る?

米国の勤労者は1943年からずっと貧乏くじを引かされている。

1943年は、第二次世界大戦の戦費をまかなうため、米国議会が現行の納税法を可決した年だ。この法律は、雇用者が従業員の給与から税金を源泉徴収することを義務付けるもので、給与を受け取った勤労者が自分で政府に税金を支払うという、それまでの制度を覆すものだった。

給料をもらったときに、あれほどあったお金はどこへ消えたのだろうと首をかしげる人が多いのは、この現行の納税法のせいだ。

私の実の父であった貧乏父さんは、私によくこう言っていた。「学校に行って良い成績をとりなさい。そうすれば待遇の良い安定した仕事に就くことができるから」

だが、金持ち父さんは違う考えを持っていた。

金持ち父さんは、お金のために一生懸命働けと言うかわりに、こんなことを言った。「稼ぎを多くして税金の支払いを少なくしたければ、人やお金がきみのために一生懸命働いてくれるようにする必要がある」

つまり金持ち父さんは、起業家になれ、投資家になれと私を励ましていたのだ。

現在、貯金をしたり401kなどの年金プランに加入したりしている勤労者は、米国で最も重い税金を支払っている。だが、「貯金や年金も、お金を働かせていることになるのではないか」と疑問に思う人もいるかもしれない。

答えは「ノー」だ……。少なくとも、IRS(米国内国歳入庁)はそうではないと言っている。勤労者には、可能な限り高い税率が課せられる。貯金や401kなどの年金収入も同じだ。たいていの場合、401kにお金を入れれば税金の繰り延べを受けられるが、引き出すときには通常の所得として高い税金がかかる。金持ちがますます金持ちになれるのは、彼らが、最大の支出である税金をよりよくコントロールできているからだ。

例えば、私が不動産から得ている不労所得は、適用される税率を最も低く抑えることができる。私と妻は、所有しているある商業用不動産から月に3万ドルの収入を得ているが、ほとんど非課税に近い。その物件を売るときも、州が課す20％のキャピタルゲイン税を支払わずに合法的に売却益を得ることができる。同じことを株式や債券、投資信託、REIT（不動産投資信託）でやろうとするとどうなるだろうか。実際、投資信託は、そのルールをわかっていないと税のわなにひっかかるおそれがある。

もうひとつ例を挙げよう。石油や天然ガスのプロジェクトに投資すると約70％の税控除を受けることができ、その収益からの収入についても、もうひとつの税の優遇である減耗控除が受けられる。つまり、私が石油や天然ガスに1万ドルを投資したとすると、自分の収入からおよそ7000ドルを控除できるだけでなく、石油や天然ガスの販売から入る収入についても税の優遇を受けることができるというわけだ。

もちろん私は税金の専門家ではないから、あなたは、この短い記事を読んで税金や投資について即断するべきではない。私が言いたいのは次のようなことだ。もし私が貧乏父さんのアドバイスに従って仕事に就いて401kに加入していたら、高い税率から身を守るために私の会計士にできることはほとんど何もないだろう。1943年の現行納税法によってそのようになったからだ。今日、401kに加入している従業員は、一生懸命働いて稼ぎを減らしている。

連邦政府は、ビジネスオーナーや石油や天然ガス、不動産に投資する人々に最も大きな税の優遇を提供している。なぜだろうか。ビジネスオーナーは雇用を提供し、雇用は、より高い税金を支払う従業員の存在を意味するからだ。経済には石油や天然ガスが必要なので、油田やガス田を探査する人々も大きな税の優遇を受ける。そして不動産投資家が大きな税の優遇を受けるのは、住宅を供給する投資家を政府が必要としているからだ。投資家が住宅を提供してくれなければ、政府が自ら提供しなければならなくなる。

１９４３年以降、お金のために働く人々はほとんどの税の優遇措置を失った。いま最大の税の優遇を受けているのは起業家と投資家だ。これが、金持ちがますます金持ちになる理由の１つだ。

（２００５年10月３日）

第3回 貯金する人はなぜ負けるのか

私の貧乏父さんは貯蓄家だった。「1ドルを節約するのは、1ドルを稼ぐのと同じことなんだよ」とよく言っていた。問題は、父が金融政策の変化に注意を払わなかったことだ。父は、1971年以降のドルはもはやお金ではないことにも気づかず、一生せっせとお金をため続けた。

1971年、リチャード・ニクソン大統領はお金のルールを変えた。その年、アメリカドルは「お金」であることをやめ、「通貨」となった。これは、現代史における最も重要な変化の1つなのだが、なぜそうなのかを理解している人はほとんどいない。

1971年以前は、アメリカドルは金や銀に裏付けされた本当のお金だった。だからアメリカドルは、「銀証券」として知られていた。1971年以降、アメリカドルは「連邦準備券」となった……。つまりは米国政府の借用書だ。アメリカドルは、資産ではなく負債になってしまったのだ。今日、米国が史上最大の借金大国になってしまった理由の一端はここにある。

現代の金融史をひもとけば、この1971年の変化がなぜそれほど重要なのかはすぐ理解できる。

第一次世界大戦後、ドイツの金融制度は破たんした。それには多くの原因があるが、ひとつにはドイツ政府がお金を自由に印刷できたことがあげられる。その結果お金があふれ、抑制の効かないインフレとなった。いくらお金があっても、ますます物が買えなくなっていった。1913年、靴1足の値段は13マルクだった。1923年には、同じ靴の値段が32兆マルクにまで跳ね上がった！

インフレがひどくなると、中流階級の貯蓄は吹き飛んだ。蓄えが底をつくと、中流階級の人々は新しい指導者を求めるようになった。1933年、アドルフ・ヒトラーがドイツ首相に選出され、誰もが知っているように、第二次世界大戦とユダヤ人の殺りくが起こった。

●新しい金融制度

第二次世界大戦の終わりごろ、世界の通貨の安定化のためにブレトン・ウッズ体制が導入された。これは金本位制に類似したもので、金によって裏付けされていた。この制度は、60年代に米国がドイツからフォルクスワーゲンを、日本からトヨタを輸入し始めるまではうまく機能していた。米国の輸入が急増して輸出を上回るようになり、金が米国から流出していった。

金の流出を食い止めるため、1971年、ニクソン大統領はブレトン・ウッズ体制を停止し、アメリカドルは金に代わって世界の通貨となった。一国の不換紙幣が世界通貨になったのは史上初のことだ。

金持ち父さんは、私がこのことをもっとよく理解できるように、辞書で次の言葉を調べさせた。

「fiat money（不換紙幣）」……同等の価値を有する貨幣や正金と交換できないお金（紙幣）。

「貨幣に交換できない」という部分が私にはよくわからなかった。そこで金持ち父さんは、「fiat」という言葉を調べるように言った。

「fiat」……労せずして、あるいは努力せずに何かを作り出せるような命令または行為。

私は金持ち父さんを見上げてこう聞いた。「つまり、何もないところからお金を作ることができるってことですか?」

金持ち父さんはうなずいて言った。「ドイツがそうだったし、今は私たちが同じことをしている」

「だから貯金する人は負ける」と金持ち父さんは付け加えた。「私は第二次世界大戦中、フランスで戦った。だから、ヒトラーが権力の座についたのは中流階級の人々の貯えが底をついた後だったことを決して忘れない。人間は、お金を失うと理性のない行動に出るものだ」

金持ち父さんの言う、貯蓄の消失とヒトラーとの関連性を認める経済学者はほとんどいないだろう。それは的確な教えではないかもしれないが、私にとって忘れられない教えだ。

2000年から2005年にかけて、住宅の価格はうなぎのぼりに上昇した。原油価格は1997年の1バレル10ドルから2005年には1バレル60ドルにまで値上がりした。金は1996年には1オンス275ドルだったが、2005年には475ドルを超えた。

このように物価は上がっているのに、連邦政府のエコノミストたちは、「インフレ水準は低い。抑制されている」と言う。そんな発言が許されるのは、政府が監視を担当しているのが消費者物価だけで、資産の価格ではないからだ。政府が監視しているメーターは消費者物価指数だけであり、それは、消費者がウォルマートでバーゲンセールをやっているのを見つけて喜んでくれるようにするためだ。中国が消費者物価指数を押し下げているので、これはたやすいことだ。

問題は、アメリカドルが還流してきて米国の資産を買っていることだ。簡単に言うと、私たちが海外の物を買って現金を送ると、海外の投資家たちはその現金を、米国の資産を買うのに使う。だから、ウォルマートで買い物をする人は、お店のバーゲンセールで品物は買えても、住宅や天然ガス、金や株式を買うゆとりはない。こうした「消費者」はまた、自分たちの働き口が海外に行ってしまうのではないかと心配している。

要するに、投資家は資産のバーゲンセールで買い物をし、消費者は小売店のバーゲンセールで買い物をして本当のお金ではないお金を懸命に貯蓄しようとする。これが、金持ちがますます金持ちになる理由の1つだ。

このテーマについてさらに知りたい人は、リチャード・ダンカン著『ドル暴落から、世界不況が始まる』(The Dollar Crisis)を読むことをお勧めする。

(2005年10月17日)

第4回 借金をあなたのために働かせる

私が初めて不動産投資セミナーに参加したのは1974年のことだった。この2日間のセミナーの受講料は385ドルで、月給が1000ドルにも満たなかった当時の私にとっては大金だった。

私はその後、何か月もかけて最初の投資物件を探し、世界有数のビーチリゾート、マウイ島のラハイナ地区に、ベッドルーム1部屋にバスルームが付いた小さなマンション物件を見つけた。物件の価格は1万8000ドルだった。お金は全然なかったので、頭金として10%、1800ドルをクレジットカードで借りた。

つまり、私はこの物件を全額借金で買ったことになる。

これはお勧めできる方法ではないが、その物件はフルローンで買ったにもかかわらず、費用や借金をすべて支払っても毎月およそ20ドルのキャッシュフローを生み出していた。27歳で私は、自分が住むワイキキのマンションの部屋と、ラハイナの賃貸物件のオーナーになった。不動産投資家として一歩を踏み出したのだ。そして私はどっぷりと借金につかっていた。

●「クレジットカード長者」と呼ばれて

まだ独身だった私は、金曜の夕方になると数人の友達と連れ立ってホノルルの繁華街にある人気のバーにくりだしては酒を飲んでいたが、運がよければそこで、この町で働くきれいな女性たちに出会えた。このマウイ島のマンション物件の契約がすんだ後の金曜日、私は友達に自分の投資について話した。

「気は確かか?」と1人が聞いた。彼は、ロースクールを出たばかりの若い弁護士だった。

「きみはどうかしているよ」ともう1人が言った。「クレジットカードでマンションを買ったって？　それがどんなに危険でばかげたことかわかっているのか？」

「ああ、でもとても良い物件なんだ」と、私は弁解がましく言った。

友達は私のことを「クレジットカード長者」と呼んで笑った。反論すればするほど余計にからかわれるので、私はそれ以上話すのは諦めてその場を離れ、きれいな女性たちの方へと歩み去った。

1年ほどして、ほぼ毎週金曜日に通っていたそのバーに同じ仲間が集まった。

「やあ、クレジットカード長者さん、最近の調子はどうだい？　クレジットカードでまた物件を買ったのかい？」あの若い弁護士が聞いた。

「いや」私はにっこり笑って答えた。「あれは4万8000ドルで売ったよ。1年で約3万ドルの儲けだね」

もう誰も私のことをからかわなくなったし、自分の主張が認められたことも良かったが、最も重要なのは、金持ちになるために借金をどう利用したらよいかを私が学んだことだった。

●毎月25ドルが毎月2万9000ドルに

私の妻キムも似たような経験をしている。彼女は最初の物件を1988年に買った。オレゴン州ポートランドのすばらしい地区にあるベッドルーム2部屋、バスルーム1つの小さな一戸建てだった。価格は4万5000ドルで頭金は5000ドルだった。費用やローンの返済をしても毎月およそ25ドルのキャッシュフローがあった。

彼女の友達のなかには、私の友達と同じことを言う人もいた。彼女たちは月25ドルのために借金というリスクを冒す価値はないと思っていた。彼女たちに理解できなかったのは、金額の大きさは問題ではないということだった。そのときは、経験することが重要だったのだ。

16年後、妻はこの経験を生かして事業用物件を700万ドルで買った。この物件はすばらしい投資だったので、銀行は購入資金のほとんどを彼女に提供した……もちろん借金としてだ。毎月、すべての費用を差し引いた後に彼女の銀行口座に振り込まれる純収入は、およそ2万9000ドルだ。これは、多くの人の年収を上回る金額だ。

キムは、講演の中で皆によくこう問いかけている。「700万ドル貯めるのにどのくらいかかると思いますか?」

大半の人が、もしそれが可能だったとしても、それだけのお金を貯めるにはかなり時間がかかるだろうと認める。彼女はさらに、まるまる700万ドルを貯めるためには、税込で1400万ドル近く稼ぐ必要があると指摘する。1400万ドルともなると、ほとんどの人は一生かかっても稼ぐことはできないと考える。彼女は、自分は700万ドルという資金を借金で調達するのに2週間しかかからないし、しかもこのお金には税金がかからないのだと説明する。

そしてキムは最後に皆にこう問いかける。「投資信託を買うのに銀行が700万ドル貸してくれますか?」

●「借金することが問題」なのではない

「銀行は私の最高のパートナーだ」と、金持ち父さんはよく言っていた。「銀行は資金の90%を貸してくれるし、私は物件、利益、税金の優遇を100%自分でコントロールできる。銀行がパートナーになりたがるような、すばらしい投資を見つけさえすればね」

「借金から抜け出しなさい」「クレジットカードのツケを全部支払いなさい」「ローンを全額返済しなさい」と説く専門家は多い。彼らは皆、借金は悪いことだと考えている。

「借金することが問題じゃないんだ」と金持ち父さんは言った。「借金で何を買うかによって問題が起ることもある、ということだ」

1995年から2005年の間に、銀行口座にお金を預けていた貯蓄家や投資信託を買っていた人は大損をした。株式市場が暴落したからだ。1995年から2005年の間に低金利を活用して借金をし、不動産投資をしていた人は史上最大の不動産ブームで大金持ちになった。

富を増やすための借金の使い方を心得ていることが、金持ちがますます金持ちになる理由の1つだ。

（2005年10月27日）

第5回　年金よさようなら、手数料よこんにちは

１９４５年から１９７４年にかけて、アメリカを含む欧米諸国は資本主義的というよりむしろ社会主義的で、企業よりも労働者の方を大事にしていた。こう書くと驚く人もいるかもしれないが、当時の状況を考えるとまったく理にかなっている。

ちょうど第二次世界大戦に勝利したばかりの時期で、大恐慌の記憶も多くのアメリカ人の脳裏にまだ生々しく焼きついていた。厳しい試練のときを生きてきたアメリカ市民は、もっと慈悲深く、労働者に優しい政府を切望した。そう望んだのは彼らだけではなかった。英国では、ウィンストン・チャーチルが１９４５年の選挙で敗れた。大戦の英雄だった彼が負けた大きな理由は、国民が資本家よりも労働者を優遇する政府を望んだからだ。米国ではフランクリン・デラノ・ルーズベルト大統領のもとで、ニューディール政策や社会保障制度などの労働者優遇政策がすでに実施されていた。

しかし、１９７４年の従業員退職所得保障法（通称エリサ法）の施行によってこの流れが変わることになる。エリサ法のもとでは、企業は、年金プランを確定「給付」年金から確定「拠出」年金に変更することができる。やさしく言うと、年金費用の負担や老後の生活資金といった大きな責任の担い手が、雇用者から従業員に移ったということだ。その結果、４０１ｋやロスＩＲＡ（個人退職金口座の一種）といった、従業員が個人で管理する年金プランに道が開かれた。

●にわか投資家、ウォール街へ行く

30年ほど前に施行されたエリサ法で一番得をしたのは企業などの雇用者だと考える人もいるだろう。だが、私は、最大の恩恵に浴したのはウォール街だと言いたい。

どういうことか説明しよう。

私が不動産を買うときは、場合によっては6％の手数料を「1度だけ」支払う。不動産から何年にもわたって毎月利益を出しても、私がブローカーに支払うのは「1度だけ」だ。不動産を売るときに手数料を支払う場合もあるが、どうするかは私が決めることができる。

しかし、投資信託（ほとんどの年金プランの投資先になっている）を買うとなると、手数料や毎月の「管理料」を、それこそ損を出したときでも支払わなければならない。

儲かっているのなら、私も手数料を支払うことに異を唱えたりはしない。だが、悪いアドバイスに対して毎月手数料などの料金を支払うとなると話は別だ。そして、投資信託を買えというアドバイスのほとんどは悪いアドバイスで、とくに2000年3月以降はそうだ。

●信託する側とされる側の違い

イェール大学の最高投資責任者デイビッド・スウェンセンの著書『イェール大学CFOに学ぶ投資哲学』（Unconventional Success）にはこう書かれている。「ファンドの購入時にかかる販売手数料に、頻繁な売り買いにかかる税負担が重なり、もともと乏しい投資家のリターンがさらに減っていく。積極的な運用をしている投資信託を持つ人が損をするのはほとんど避けられない」彼はこうも言っている。「倫理に反したリベートの支払いや弁解の余地のない慣行などのその他の要素は、一般には知らされないままになっている」

スウェンセンはまた、投資信託のリターンに関する1998年までの20年にも及ぶ研究を例に引いている。この研究は、20年間の投資信託の成績が、代表的なインデックスファンドであるバンガード500を平均して2・1%下回る散々なものだったことを示している。この研究が終わった時点で、相場はほぼ最高値の状態にあったにもかかわらずだ！

言い換えれば、ほとんどの投資信託のファンドマネジャーはインデックスファンドのような機械的な投資手法に勝てないということになる。だが、だからといって彼らが管理料を定期的に集金するのをやめるわけではない。

事実、スウェンセンは、このような料金があるから多くのファンドマネジャーはインデックスファンドに勝る成績をあげられないのだと言っている。「成績の悪さ……その大部分は、管理料の支払いから生じている」とスウェンセンは書いている。

だから、あなたの退職資金を投資信託に預けておくつもりなら、手数料や管理料についてきちんと聞いておくことだ。あるいは、インデックスファンドを買うことを検討したほうがいいかもしれない。

（2005年11月15日）

第6回 分散投資か集中投資か、それが問題だ

世界で最も偉大な投資家の1人であるウォーレン・バフェットはこう言っている。「分散投資は無知に対する防衛策だ。自分のやっていることがわかっている人にはほとんど意味がない」

多くのファイナンシャル・アドバイザーが、身を守るために分散投資をしなさいと言う。彼らが顧客に言えないでいるのは、それが彼ら自身の身を守ることにもつながるということだ。どの銘柄や投資信託がすばらしい投資かを具体的に言えないアドバイザーがほとんどなので、あれこれたくさん買っておきなさいと言っているのだ。

金持ち父さんは、分散投資をするのではなく最良の投資を見つけることに集中しなさいと私に教えた。つまり、何百というオファーを自分で検討し、研究・分析して、それぞれの長所や短所をしっかりつかむということだ。「集中する」ことは、私が金持ち父さんから学んだ教えの中でも、現実のビジネスに関する最高の教えのひとつで、起業家、投資家として成長するのに大いに役立った。投資に集中することで、リスクをさらに低くし、より大きな儲けを出すことができる。私は、質の悪い資産をたくさん買って何とかなりますようにと祈ったりはしないからだ。

●ファイナンシャル・アドバイザー

前回のコラムで、従業員退職所得保障法（通称エリサ法）の施行によって401kのような年金プランが生まれたと書いた。エリサ法が大きな意味を持っているのは、1つには、この法律が何百万人という従業員

が投資家にならざるをえない状況を作り出したからだ。しかも彼らは、お金に関する訓練やファイナンシャル教育をまったく受けていない。

これは金融サービス業にとっては追い風になった。投資家にならざるをえなくなった従業員という新しい顧客層にサービスを提供するため、何千人ものスタッフが新たに雇われた。大したファイナンシャル教育も受けてない人々が、突如として「プロのファイナンシャル・アドバイザー」になったのだ。学校の先生や中古車の販売員、主婦、保険の勧誘員といった人たちが、ファイナンシャル・アドバイザーという新しい職業に就き、自分たちとさして変わらない一般の人々に投資商品を売り始めた。

デンバーのある新聞が最近、ユナイテッド航空の経営破たんによって年金の大半を失ったパイロットたちの苦悩を取材した記事を載せた。62歳の元パイロットは、毎月の年金額が1万1000ドルから2300ドルに削減されてしまったがこれからどうするつもりかと聞かれ、こう答えた。「ファイナンシャル・プランナーになるつもりだ」

彼もまた、顧客に分散投資を勧めるのは間違いない。

●分散投資を正当化する2つの理由

世界の最も偉大な投資家が分散投資をしないことに決めているのに、なぜファイナンシャル・アドバイザーは分散投資を勧めるのだろうか。この問いには2つの答えがあると思う。

1．積極的投資と消極的投資

積極的な投資家と消極的な投資家がいる。ウォーレン・バフェットは積極的な投資家だ。ほとんどの人はそうではない。積極的な投資家は集中すべきだ。消極的な投資家は分散投資をすべきだ。

2．リスク

他に比べてリスクの高い投資商品がある。株式、債券、投資信託、ＲＥＩＴ（不動産投資信託）は非常にリスクの高い投資なので、そのような商品に投資するときは分散投資すべきだ。ウォーレン・バフェットのようにビジネスに投資するとき、あるいは私のように不動産に投資するときは、集中すべきだ。

本当に問うべきことは、あなたがプロの投資家になりたいのか、それとも素人のままでいいと思っているのかということだ。もし、素人、つまり消極的な投資家でいいと思っているなら、もちろん分散投資をすべきだろう。分散投資をすれば、「すべての卵を１つのカゴに入れる」ことは避けられる。２０００年にＩＴバブルがはじけたときのように１つの産業が不振に陥っても、ポートフォリオに及ぶ影響は限られる。

しかし、もしあなたがプロの投資家になると心に決めているなら、集中して取り組み、時間をかけて学ばなければならない。ウォーレン・バフェットはできうるかぎり最高の投資家になるために人生をささげた。だからこそ彼は集中投資をして、分散投資はしない。バフェットが知らないことに対して自分を守る必要がないのは、彼が、自分のやっていることを理解するために時間とお金を投資してきたからにすぎない。

●集中することで大きな実りを手にする

ハワイには「ウイナーズ・キャンプ」というすばらしい団体がある。人生で成功するのに必要な心構えや技能を青少年に教えている。ここでは、「ＦＯＣＵＳ（集中する）」という単語を、「Follow One Course Until Successful（成功するまで一途にやり続ける）」のそれぞれの単語の頭文字をつなげた言葉として使っている。子どもは皆、集中することを学ぶべきだし、それは、金持ちになりたいと思っているすべての投資家についても同じだと思う。

ウォーレン・バフェットやオプラ・ウィンフリー、ランス・アームストロングといった偉大な富や成功を手に入れた人々を見れば、彼らが皆、勝つために大いに集中していることがわかるはずだ。
集中してやっていることが、金持ちがますます金持ちになる理由の1つだ。中流階級の人は分散投資をし、貧しい人は社会保障を頼りにする。

（2005年11月28日）

第7回　今日リターンが得られる投資……そして明日も

言葉には人を金持ちにする力がある……そして貧しいままにしておく力もある。例えば、「資産」と「負債」の違いを知っておくことは重要だ。「資産」はあなたのポケットにお金を入れてくれるもの、「負債」はあなたのポケットからお金を取っていくものだ。

マイホームを例にとってみよう。

「私たちの家は資産だ」と貧乏父さんは言っていた。

だが金持ち父さんの見方は違っていた。「持ち家は資産ではなく負債だ」と彼は言っていた。

貧乏父さんは持ち家は資産だと言っていたが、実際には、その家は、住宅ローンの支払や公共料金、維持費という形で彼のポケットからお金を取っていった。

金持ち父さんも家を何軒か持っていた。しかしそれらの家は賃貸に出され、財布の中のお金を減らすことはなかった。賃貸された家は彼の生活費をまかなうのに十分な収入を生み、さらにお金を残した。これが本当の資産だ。

●リターンを得るのは今か後か？

「資産」と「負債」に加え、理解しておくべき非常に重要な2つの概念は、「キャッシュフロー」と「キャピタルゲイン」だ。

私が47歳、妻キムが37歳で引退できた理由の1つはとても簡単なことで、それは、（主に不動産投資から）

十分なキャッシュフローが入ってきていたからだ。大した額ではなく1か月に1万ドルほどだったが、私たちのひと月の生活費は3000ドルくらいだったので、残りの7000ドルで好きなことができた。

一方、キャピタルゲインは、1株1ドルで買った株式が10ドルに値上がりして9ドル儲かったというような収入だ。あるいは、家を10万ドルで買ったら15万ドルに値上がりしたので、売れば5万ドル儲かるといったようなことだ。

経済的自由を達成できない人が多いのは、ひとつには彼らのほとんどがキャッシュフローではなくキャピタルゲインに集中しているからだ。キャピタルゲインだけを追うのはギャンブルであって投資ではない。証拠を挙げよう。それほど昔を振り返る必要もない。2000年から2003年の間に何百万人という投資家が株式市場で何兆ドルものお金を失った。

金持ち父さんはこう言っていた。「キャッシュフローを得るための投資は、返金保証つきの投資だ。キャピタルゲイン狙いの投資は、希望への投資だ。希望というのは最大の盗人だ」

年金プランのほとんどは何年にも及ぶ希望と約束に基づいている。私には到底理にかなったものとは思えないが、自分が65歳になったときに希望するだけのお金がそこにあることを願う何百万人の投資家にとっては納得のいく話のようだ。

何もキャピタルゲインが悪いと言っているのではない。私の所有する物件や株式が値上がりすれば気分はいいが、私はそういうゲームをあまりやらない。成功している投資家のほとんどがそうであるように、私がもっとも重視しているのはキャッシュフローであってキャピタルゲインではない。

●強力な組み合わせ

ファイナンシャル・インテリジェンス（お金に関する知性）のカギは、キャッシュフローとキャピタルゲインの両方をいかに上手に活用して富を増やすかにある。成功できない人がこれだけいるのは、彼らがたいていはこの2つのうちの1つだけに集中しているからだ。ほとんどの人はキャピタルゲインに集中している。

私が思うに、人々が「今日」ではなく「明日」に投資する大きな理由は、今日リターンが得られるような投資を見つけることなどできない、あるいはそんなものを買う余裕はないと思い込んでいるからではないだろうか。その結果、明日を信じるようになる人が多い。そういう人は、将来の夢を売ってお金を奪う捕食者につかまってしまいがちだ。

金持ち父さんが言っていた通りだ。「投資はお金を生むものでなければならない……今日も明日も」

（2005年12月13日）

第8回 金持ちになるための教育を受けよう

マスコミの報道によると、ウォール街のエリート企業の多くが投資家たちに莫大な額の罰金を支払うことを義務付けられたようだ。この罰金は悪い投資アドバイスを与えたためだそうで、ニューヨーク州司法長官エリオット・スピッツアーの提訴によるものだ。

このことは、私が大好きな有名投資家ウォーレン・バフェットの言葉を思い起こさせる。「ウォール街は、地下鉄で通勤する人間にアドバイスをもらうために、金持ちがロールスロイスで乗りつける唯一の場所だ」「一生懸命働いてお金を貯め、借金から抜け出し、長期投資・分散投資をしなさい」というお金に関する標準的なアドバイスに対して、私はもう長いこと苦言を呈してきた。このようなアドバイスは、確かな投資の助言というよりファイナンシャル・アドバイザー（つまり地下鉄通勤者）のセールストークであることが多い。

スピッツアーNY州司法長官が、下手な投資指南についてウォール街のいくつかの企業に多額の罰金を課したのは勇気ある行為だと思うが、頼りにならないアドバイスに従った投資家たちにも責任の一端があると思う。良いアドバイスと悪いアドバイスの違いがわかることも、自分が何をやっているか理解することの一部ではないだろうか。

●投資とショッピングの違い

問題は、標準的なアドバイスがいかに悪いものであるかを知らない投資家がほとんどだということだ。

「一生懸命働いてお金を貯め、借金から抜け出し、長期投資・分散投資をしなさい」というお題目に何百万という投資家が従っている……2000年から2004年の間に7兆ドルから9兆ドルを失った人々だ。彼らの多くは、いまだにこの悪いアドバイスを信じている。

何百万という投資家は何兆ドルものお金を失ったばかりではなく、その多くが好景気に沸く不動産、石油、ガス、最近では貴金属相場を見逃した。さらに、投資家が莫大な額のお金を失ったにもかかわらず、ウォール街は空前のボーナス支給額を記録した。

だが、投資家は「買い手の危険負担」を認識すべきだ。「投資」は「ショッピング」とは違う。私がシアーズデパートで買い物をするとき、買った道具やシャツが気に入らなかったら、たいていは返品すればお金を返してもらえる。ショッピングのとき私たちは、支払うお金に見合う価値を期待している。しかし投資の場合、私たちはもっと多くのお金を儲けることを期待するし、「お金を失う危険があることを知っている」。顧客がお金を損するたびにブローカーが訴えられていたら金融業界はどうなるだろうか。世界のビジネスを動かしている車輪はきしみながら停まってしまうだろう。

私が言いたいのは、この世には悪いアドバイスを与えてくれる誠実な人々があふれているということだ。誠実で悪い投資アドバイスの一例が、「一生懸命働いてお金を貯め、借金から抜け出し、長期投資・分散投資をしなさい」という標準的なものだ。

この世にはまた、見方の偏ったアドバイスも満ちあふれている。そのために人々は、「保険が必要なら決して保険の外交員に聞いてはならない。投資信託がいいと勧める投資信託のセールスマンと話してはならない」などと言う。さらに、不誠実な投機をわざと勧める詐欺師やペテン師も大勢いる。

●違いを見分けること

だから、証券取引委員会やスピッツアーのような勇敢な司法長官が規則を執行することは必要なことだが、私たちも個人投資家として、自分が受け取るアドバイスや自分のお金をどうするかについて慎重でなければならないし、自分で責任を取らなければならない。

私が思うに、それは、私たち1人1人が自分のファイナンシャル教育に責任を持つことだと思う。教育によって、良いアドバイス、偏ったアドバイス、ペテン師のアドバイスを見分けられるようになる。自分を教育してこれらの3つのタイプのアドバイスの違いが見分けられるようになれば、金持ちになるのは容易だ。

地下鉄通勤者のアドバイスを真に受ける人が、自分もまた地下鉄通勤者になっても何の不思議もない。

（2005年12月24日）

第9回 ビジネスの知恵が投資の知恵となる

ウォーレン・バフェットの偉大な語録に次のようなものがある。「私が優れた投資家でいられるのは私がビジネスマンだからであり、そして、私が優れたビジネスマンでいられるのは私が優れた投資家だからだ」では、ビジネスに秀でることによって優れた投資家になるとはどういうことだろうか。

投資については次の3種類の人がいて、ビジネスの知識もそれぞれ異なる。

1. **投資家ではない人**

退職したら、自分の親や子供、妻や夫、会社や政府など、誰かが面倒を見てくれると思っている。

2. **消極的な投資家**

自分のお金を他人や企業・団体に預けて運用してもらう。例えば投資信託などがそうだ。ファイナンシャル・プランナーの「一生懸命働いてお金を貯め、借金から抜け出し、長期投資・分散投資をしましょう」というお題目を信じている人が多い。

3. **積極的な投資家**

自分のポートフォリオや資産は、自分で管理しようとする。また、自分のアドバイザーとして、商品のブローカーやセールスパーソンではない人間を自ら選ぶ。積極的な投資家として成功するには、より高いファイナンシャルIQや、現実の世界での起業家としてのビジネス経験、非常に優秀なアドバイザーチームが必要になる。

投資家でない人や消極的な投資家にとっては、投資は危険なものになる。その主な理由は、彼らが自分の関わっている投資をまったくコントロールできないからだ。積極的な投資家はリスクが存在することを知っており、自分でコントロールすることができればそれだけリスクを軽減できることを認識している。

●ビジネスをコントロールする

では「コントロール」とは何か。車の運転を例に説明しよう。安全運転のためには次の要素が不可欠だ。

1. ハンドル
2. アクセル
3. ブレーキ
4. ギア
5. ドライバーの教育・運転免許
6. 保険

これらの「コントロール」のうち1つでも欠けていれば、あなたは車を運転しないはずだ。それなのに、投資になるとほとんどの人がそんな車を運転するような行動に出る。彼らは、投資やビジネスの6つの基本的なコントロールレバーを操る術を持たずに投資をしている。それは次の6つだ。

1. 収入
2. 支出

3. 資産価値
4. 負債
5. ファイナンシャル教育・管理
6. 保険

ウォーレン・バフェットが自分は優れた投資家だと言っているのは、ビジネスの6つのコントロールレバーを使いこなしているからだ。つまり、彼は、企業の経営陣がこのようなコントロールの基本要素をどのように扱っているかを見ることによって、投資の良し悪しを見分けることができる。バフェットはたいていの場合、ただ株式を買うのではなく、そのビジネスの「コントロール」を買おうとベストを尽くしている。

良いビジネスパーソンはビジネスをコントロールしたいと考える。例えば、売上げが落ちて支出が増えたら、状況を改善するためにどうすればよいかを知っている。不動産投資では、2000年頃に金利が下がり始めると、私たちのチームは直ちに物件のローン（つまり負債）の借り換えを行った。これによって支出は減り、収入が増え、資産の本質価値も上がった。

私は、不動産に投資するときにはたくさん保険をかける。ビルが火災になったりしても、そのようなリスクを保険でカバーできる。投資信託には保険は付いていない。だから、2000年に市場が暴落すると7兆ドルとも9兆ドルともいわれるお金が失われた。いま、何百万人という従業員が、損失に対して何の保険もないのに、確定拠出型年金401kに自分のお金を喜んで預けている。

●自分が何をやっているか理解しよう

投資家でない人や消極的な投資家のほとんどが持っているよくない点は、投資家のコントロールを歓迎しない投資を自ら選んでしまうことだ。実際、大半の人があらゆる投資のなかで最も危険な投資をしている。

それは、預貯金、株式、債券、投資信託で、投資家がコントロールできないため、どれも危険極まりない投資だ。

自分に次のような質問をしてみよう。

- ドルの価値の変動をコントロールできるだろうか。
- ビル・ゲイツにマイクロソフト社の経費を削減させたり、営業チームを一新させたりできるだろうか。
- 金利をコントロールできるだろうか。
- 自分が持っている投資信託のファンドマネジャーを個人的に知っているだろうか。

私も多少のお金は株式や債券、投資信託に入れているが、資金の大半は自分でコントロールできる投資に入れている。

さらにひどいことに、ほとんどのファイナンシャル・アドバイザーには、株式ブローカーだろうとファイナンシャル・プランナー、企業の投資アドバイザーだろうと、投資をコントロールする力はいっさいない。言い換えれば、ファイナンシャル・アドバイザーに投資のアドバイスを求めるのは、ハンドルやアクセル、ブレーキ、保険のない車を運転しているタクシードライバーに空港に行くように頼むようなものだ。

これが投資家でない人、ほとんどの消極的な投資家にとって、投資が危険な理由だ。

ウォーレン・バフェットの言う通りだ。「リスクが生じるのは、自分が何をやっているかわかっていないからだ」

（２００６年１月９日）

第10回 不動産バブルのなかで賢く投資する

2005年初夏、私は、米国の不動産市場はこれから冷却していくだろうという警告を発した。つまるところ、皆にもわかっているように、バブルは必ずいつかははじけるし、どんな宴にも終わりがある。

私の警告に感謝してくれた読者も多かったが、抗議の手紙もたくさん受け取った。ある不動産ブローカーは怒って私にこう言った。「私のビジネスを台無しにする気か」

怒りを覚えた方も物事の本質を考えてみてほしい。ウォーレン・バフェットはこう言っている。「どういうわけか、人々は『価値』ではなく『価格の変動』をきっかけにして行動を起こす。物事がうまくいかないのは、自分で理解できていないものに手を出したとき、あるいは前に誰か他の人がやって成功したからという理由で自分もやってみたときだ」

「オマハの賢人」バフェットは次のように断じている。「株を買うのにこの世で最も愚かな理由は、値上がりしているからという理由だ」

私は次のように言いたい。「『何かを買うのに』この世で最も愚かな理由は、値上がりしているからという理由だ」だが、「投資」になると人々はそのような理由を採用する。「買い物」をするときには高い値段で商品を買ったりしないだろうに。

●愚か者が押し寄せる

例えば、スーパーマーケットが全品25%オフのバーゲンセールをすればお客が殺到するだろう。だが、株式市場や不動産市場が「暴落」や「バブル崩壊」という名の大安売りを始めると、お客は資産のバーゲンセールから逃げ出してしまう。彼らは、価格が高くなるか、他の愚か者がさらに値を吊り上げてからようやく買いに来る。

私の推量によれば、すべての投資家のうち9割の人が価値ではなく価格で投資している。2000年から2004年の不動産市場がそうであったように、価格が高騰すれば、素人がプロに変身し、転売目的で物件を買い始める。例えば、20万ドルで買った物件を数か月後に25万ドルで売ることを狙うのだ。

大半の株式投資家も同じようなことをしている。投資家の言葉では、転売は、投資の「大馬鹿者の理論」として知られている。これは、所有するために買うのではなく、自分より愚かな誰かに売りつけようとして買うことを意味している。

●暴落がやってくる

不動産市場が暴落するのは皆わかっている。問題は、いつ暴落するかがわからないことだ。巷に流れているもっぱらの予想は、投資家が不動産市場から株式市場へ戻りつつあるというものだ。もう1つは、おそらくそうだろうと私も思っているのだが、建築資材のコスト高によって不動産市場が暴落へと向かっているという予想だ。

しかしこうした噂に影響されるのは、バフェットの言う「『価値』よりも『価格の変動』をきっかけにする」投資家だけだ。価格が高く不安定な時期こそ価格よりも価値に注意を払うことがますます重要になる。

だが、価格が乱高下するときはとくに、立ち止まって価値に集中するのは至難の業だ。価格が下落しているときに一刻も早く売りたい気持ちを抑えたり、価格が上昇しているときに買いたい気持ちを抑えたりするのは難しい。

●絶好の買い時

市場の暴落について考えてみよう。私は暴落が大好きだ。絶好の買い時だからだ。こういう時期は本当の価値を知るのがかなり容易になる。それに、売り手が非常に多いので、交渉がしやすいし、良い取引が見つかりやすい。

暴落は絶好の買い時だが、市場に悲観的な観測が流れるため、実際に買うことが難しくもなる。1990年代後半に金《ゴールド》を1オンス275ドルで買った頃のことが思い出される。私は、この価格ならすばらしい価値があるとわかっていたが、「専門家」たちは金を「ドッグ（パフォーマンスの悪い投資）」と呼び、皆さんはハイテク株やドットコム企業の株を買いなさいと助言していた。いま、金は1オンス500ドルを超えており、同じ専門家たちが、よく分散したポートフォリオの一定割合を金にすべきだと勧めている。なんと高くつくアドバイスであることか。

私が言いたいのは、今は売買が非常に難しい時期だということだ。不動産は高値だが、金利はまだ比較的低く、株式市場は上昇しつつあり、米国ドルは安い。金は高く、石油やガスも高い。そしてたくさんのお金が落ち着き場所を探している。

そこから次のような教えが得られる。「価格ではなく価値に集中することが今ほど重要なときはない」。価格が低いときは、価値を知るのは簡単だ。価格が高いときは、価値を知るのがずっと難しくなる。だから、もっと賢明になり、慎重に行動し、反射的に行動したいという欲求に抵抗しなければならない。

最後にウォーレン・バフェットの言葉をもう1つ紹介しておこう。「潮が引いて初めて誰が裸で泳いでいたかがわかる」

とくに不動産市場で裸で泳いでいる人が多いように、私には思えるのだが。

（2006年1月24日）

第11回 強みを生かして差のつく投資をしよう

数週間前のこと、私は金融に関するあるイベントで投資について講演をしていた。私が、50%、1000%、無限大といった投資のリターンについて話していると、聴衆の中からさっと手が挙がった。「そんなことは絶対にありえない！」と、その人は、挙げた手を激しく振りながら叫んだ。

私は、その参加者に、なぜそう思うのかを説明してくれるように頼んだ。

「そんなに高いリターンが得られるはずがないのです」と彼は怒ったように答えた。「私はファイナンシャル・プランナーですが、そのような投資のリターンを達成した人を見たことがありません」

「あなたはご自分のクライアントにどのような投資を勧めておられるのですか？」と私は聞いた。

「現金、株式、債券、投資信託によく分散したポートフォリオを勧めています」と彼は憤然として答えた。

「だから私はお聞きしているのです。あなたがなぜ、そんな投資からそれほど高いリターンを得られるとおっしゃるのかをね」

私の答えはこうだった。「それは、私がそういったものに投資しないからですよ」

●公正な方法で差をつけることが難しい投資

これまでもはっきりと書いているが、私は、預貯金や株式、債券、投資信託といった投資をあまり高く評価していない。むしろ、投資を自分でコントロールできることの重要性を説いてきた。プロの投資家がより低いリスクでより高いリターンを得ることができるのは、より大きなコントロールの力を手にしているからにすぎない。預貯金や株式、債券、投資信託のような紙の資産《ペーパーアセット》に投資する人には、それらをコントロールする力はほとんど与えられていない。

一部のプロの投資家にとっては、コントロール以上に重要な問題がいくつかある。預金や株式、債券、投資信託について私が問題だと思うことの1つに、公正な方法で他の投資家に差をつける余地が少ないということがある。この分野では、独創性を発揮して他を出し抜こうとすれば、刑務所行きになったり厳しい罰金の支払いを科せられたりするなど、他の種類の投資では抱えなくてすむような法的リスクを冒すおそれがある。例えば次のようなものだ。

1．株式の場合、インサイダー情報に基づいて売買するのは違法行為だ。だが、ビジネスや不動産に投資するときは、インサイダー情報のおかげで合法的に優位に立つことができる。

2．ペーパーアセットでは、最大の支出である税金についてほとんどコントロールできない。一方、ビジネスへの投資や不動産投資には税金面で合法的な強みがあり、支払う税金を減らして投資のリターンを増やすことができる。

●独創性が差をつけるカギ

預貯金や株式、債券、投資信託に関しては、政府は証券取引委員会のような機関を通じて競争の場とルールを公正なものに保とうと最善をつくす。非常に多くのアマチュア投資家が参加するので、これは重要なことだ。

しかしまた、証券取引委員会の厳しい規制が、独創性を可能な限り排除する傾向にあることもたしかだ。ビジネスや不動産では、合法的に独創性を発揮することが他に差をつけるカギだ。合法的な独創性を発揮すればするほど投資のリターンも大きくなる。

私は最近、10エーカー（約1万2240坪）の土地を10万ドルで買った。この土地は、すでにトレーラーハウス（移動住宅）用として使用目的の指定を受けているので、私は、土地をさらに50の区画に分け、各々の区画を2万5000ドルで売却することを考えている。計算すると、10エーカーの土地の総価格は125万ドルとなり、初期投資額10万ドルにしては結構良いリターンだ。この場合の合法的な強みは、この土地がトレーラーハウス用の土地として指定されていることであり、これはその地域の他の土地にはない強みなのだ。

●**強みを見出す**

最近売りに出された物件のなかに、もう少し複雑で興味深いものがある。ネバダ州のある町がそっくり1200万ドルで売りに出されたのだ。その町の一戸建て住宅だけでも全部で2600万ドルの価値があると、私たちは見込んでいる。その他の建物、土地、ゴルフ場などでさらに1000万ドルの価値が見込まれる。

私たちのプランはこうだ。1200万ドルと一戸建ての改修費200万ドルを調達し、一戸建て物件を総額2600万ドルで売却する。つぎに投資家への返済を行い、1200万ドルに達すると見込まれる総利益を分配する。町の残りの部分は、この取引をまとめた私たち5人のものになる。それが、私たちが現実に手にする投資のリターンだ。

とても簡単な理屈に聞こえるだろうが、非常に深刻な問題が1つある。それはこの町の価格が安い理由にもなっている。私たちは、この町には環境問題が潜んでいるのではないかと疑っている。それは、私たちが町を買ったとたんに環境保護庁が飛んできて莫大な課徴金を課すほど深刻なものかもしれない。私たちが投資をする前に、汚染された物件の調査を専門にしている友人が、リスクを検証してくれることになっている。汚染が予想以上にひどければ、私たちは投資しない。汚染の度合いが低く解決のつくものであれば、私たちは、一銭も身銭を切ることなく何百万ドルも儲けることができる。

以上の2つの例は、ちょっとした専門技術と独創性を生かすことで合法的な強みを利用できることを示している。最後に、皆さんのために4つの教えを書いておこう。

1. 投資について誰からアドバイスをもらうかに気をつけよう。リターン8%なら良い投資だと言われたら、別の人にアドバイスをもらったほうがよいかもしれない。
2. 他の人にとって問題になっていることが、あなたにとってはチャンスになりうる。
3. 難しい問題を解決する方法を知っている友人を、時間をかけて開拓しよう。
4. 公正かつ合法的に差をつけられるような強みを持つものに投資する方法を学ぼう。投資に限って、なぜ、みな差をつけたがらないのだろうか。

（2006年2月7日）

第12回 将来の経済状態に不安を抱える人が多い理由

食事と運動に気をつけなければいけないことをほとんどの人が理解しているように、投資をしなければならないことも大半の人がわかっている。それにもかかわらず、何百万という人々は――全アメリカ市民の80%から85%に達すると私は見ているが――まったく投資をしていない。これは、彼らが積極的な投資家ではないことを意味している。

積極的な投資家とは、仕事の賃金ではなく投資からの収入で実際に生活している人たちだ。私の投資は毎月キャッシュフローを生み出しているので、私も他のプロの投資家と同じく仕事をする必要がない。

それは、アマチュアゴルファーとプロゴルファーとの違いに似ている。アマチュアでも非常にうまいプレーヤーはいるかもしれないが、だからといって試合の賞金で食べていけるだろうか。プロは、激しい戦いに耐えて収入の流れを生み出せるような強い精神力と身体的スキルを備えている。

65歳にして、多くのアマチュア投資家が好むと好まざるにかかわらず「プロに転向している」。ぞっとする話だ。

人々はなぜ投資をしないのか、そのユーモラスな理由と真面目な理由を挙げてみよう。まず、ノーステキサス大学のジョン・S・バエン不動産学教授が作成した、投資が必要だとわかっているのに投資をしない理由のリストを、同教授に感謝の意を表しつつ紹介する。

なぜ人々は投資をしないのか――その面白おかしい12の理由

1. すでに社会保障制度に加入していて年金保険料を支払っているから。
2. 毎週20ドルを宝くじを買うのに充てていて、もうじき当選するから。
3. インフレになれば自分のお金も増えると信じているから。
4. 老人は食費もあまりかからなくなるから。
5. (年金の)小切手が配達されるのをただ待っていればいいから。
6. 裏庭の安全な場所にお金を埋めてあるから。
7. おばさんが資産家でもうじき亡くなるから。
8. かわいいわが子がハリウッドで大成功するのは間違いないから。
9. 引退するときに自分のコレクターズアイテムを売り払えばお金が入るから。
10. 塩漬けにしていたIT企業株が再び値上がりするから。
11. 本を書けば印税で生活できるから。
12. 60歳になったら若い人と結婚して、相手の稼ぎで生活するつもりだから。

なぜ私たちは投資をしなければならないかという真剣な話題でも、ときには軽いジョークで笑うことも必要だ……身につまされる人もいるかもしれないが。不幸なことに、この面白おかしいリストから多くの真実が見えてくる。

●キャッシュフローを得るために投資する

悲しいことに、投資をしていないのに、自分は投資をしていると思い込んでいる人がいる。株式、債券、投資信託などに投資する確定拠出型年金の401kやIRAを投資だと思っている人が大勢いるが、私は退職金貯蓄制度だと思っている。このような退職金プランに加入している人を、私は消極的投資家と呼んでいる。彼らは、退職金を「貯蓄」しているにすぎない。

同様に、家を所有して自分で住んでいる場合も、私に言わせれば投資ではない。毎月現金が入ってこない限り、持ち家は負債であって資産ではない。住宅ローンの支払いや光熱水費、固定資産税、保険、維持費をまかなうお金は毎月出て行く。ただし、持ち家が資産に変わることもある。家を貸し出して費用を上回る収入が毎月入ってくる場合、あるいは家を売却してキャピタルゲインを得る場合だ。

ほとんどのプロの投資家は、まずキャッシュフローを得るために投資し、キャピタルゲインを第二の目的としている。そして理想は、その両方を得ることだ。金持ち父さんは私に何度もこう言っていた。「キャピタルゲイン狙いの投資はギャンブルであって投資ではない」

そして次のことを覚えておいてほしい。お金を得るのにお金は要らない。投資をしない人の多くは次のように言う。「私には投資するお金がないんです」

OPM（他人のお金）はどこにでもある。訓練によって、自分の周りにあるチャンスが見えるようになりさえすればいいのだ。それにはどうすればよいのだろうか。そのためにはまず、ファイナンシャル教育に投資することだ。良い投資の機会を見つける方法や、売主の問題をあなたの利益に変える方法を学ぼう。

OPMの最も良い例は、おそらく不動産投資のパートナーとしての銀行だろう。銀行は、必要なお金の大部分を貸し付けてくれるし、あなたはすべての税制上の優遇、減価償却のメリット、キャピタルゲインを手にすることができる。

人々がなぜ投資しないのかについてのお気楽な理由はさておき、そこには次のような深刻な理由がある。

1.「もらって当然」という考え方

「もらって当然」という言葉を聞くと、人々は貧困者や福祉に依存している人々に非難のまなざしを向ける。

しかし、実は多くの人が、もらって当然という意識を持っている。米国大統領をはじめとして何百万もの人々が、政府や企業が自分たちの引退後の生活の面倒を見てくれるものと期待している。社会保障制度や高齢者医療保険制度の基礎がぐらぐらになっているにもかかわらずだ。

金持ち父さんは、私たちは皆、自分の面倒は自分で見ることを学ぶべきだと考えていた。私も同感だし、そろそろ学校も、政府の世話になって当然という考え方ではなく、自分の面倒は自分で見ることを教え始めるべきだと思う。

2. 将来のビジョンが欠けている

明日のこともわからない人が非常に多い。トルストイはこう言っている。「『老い』は、人々が最も予期していない出来事だ」

今年、ベビーブーマーの第一陣が60歳になる。私はベビーブーマーとしては早く生まれたほうだが、「老後の心配はないんだ。働き続けるから」などと言う同世代の友人は多い。彼らには、いずれ働けなくなる体になることが見えていない……そこまで長生きできればの話だが。

長期の介護にかかる費用は、ほとんどの人が現在稼いでいる収入を超えている。例えば、ある友人は、母親をさして立派でもない介護施設に入れておくのに毎月6000ドル以上支払っている。この金額は一般家庭の収入を上回っている。7500万人ものベビーブーマーがいっせいに長期介護を必要とし始めたら、いったいどうなるのだろうか。

また、若者たちがのんきに「僕はまだ若いからね」と言っているのも耳にする。私は機会あるごとに、ベビーブーム世代のためにお金を支払うのは君たち若い世代なんだよと話してきかせている。

3．学校ではお金について教えてくれない

「仕事に就けるように学校に行きなさい」というのはお決まりのアドバイスだ。しかし、これは「もらって当然」的な考えに基づいており、仕事に就きさえすれば、企業や政府が将来の面倒を見てくれると期待するものだ。これはまた、長期的なビジョンの欠如という問題も映し出している。今の時代、ただ「仕事にありつく」以上に、お金について教育を受けることが重要だ。引退後の生活のために教育を受ける必要があるのだ。

「もらって当然」という考え方と近視眼的な物の見方は、どこから生じるのだろうか。それは、学校ではお金について教えてくれないからだ。学校も、21世紀という時代に合わせて、人々が実社会で生きていく備えになるような教育を行う時期に来ている。

（2006年2月21日）

第13回 不安定な将来に救命艇となる資産とは

退職時期が近づいた何百万人ものベビーブーマーたちが、タイタニック号のデッキチェアに押し寄せている。かれこれ30年間、私は、経済的な大災害が広がっていくのを見つめてきた。その要因は社会保障制度や高齢者医療保険制度の財政的基礎がぐらついていることにあり、さらには、ほとんどの米国人がファイナンシャル教育を受けておらず、もらって当然という考えでいることにもある。

私の投資戦略は「インクの付いた紙」を投資対象から外すことだ。今回のコラムでは、それがどういうことなのか、また私の好きな投資対象についてお話ししよう。

●スピードと機敏さが勝利をもたらす

だがその前に、アメリカ合衆国号の目前に横たわる「財政的な不摂生」という名の氷山について話しておこう。この30年間、私たちの国は不摂生を重ね、間違いを増やし、アメリカの富の運用を誤るばかりだった。いま、船の舵を極端に右か左に切っても効果はない。もう遅すぎるのだ。

だから今は、アメリカ合衆国号の船長になるにはよい時期とはいえない。大型投資信託号や年金プラン号の船長も同じことだ。これからは、大きいほうが良いとは言えなくなるだろうと私は思っている。

私たちの多くにとっては、よく訓練された小さな投資家でいるほうが良い。スピードやファイナンシャル教育、そして機動性が、規模を大きくすることよりも優れていると、そのうち証明されるのを私は確信している。十分な備蓄のある救命艇に乗っている方が、何百万人もの年金生活者やレイオフされた労働者とともに立ち泳ぎをしているよりも良いにきまっている。しかも、彼らの多くはいまだに浮かれている。なぜそんなに悲観的になるのかって？　いや、私はどちらかというと現実主義者として知られている。ほとんどの人はこれから起こる問題に気づいている。いくつか例を挙げよう。

1．もらって当然という意識が広がりつつある

政府からの施しをあてにしているのは貧しい人々だけではない。上院議員から農家、退職者にいたるまであらゆる人が同じように期待している。不幸なことに、この問題は私の世代、つまりベビーブーマー世代の問題ではない。ベビーブーマー世代の子供や孫の両肩にどっしりとかかってくる問題なのだ。

2．高齢者医療保険制度に比べれば社会保障制度は小さな問題だ

２００４年の時点で、社会保障制度の簿外負債は10兆ドルだった。高齢者医療保険制度では64兆ドルにのぼった。社会保障制度の基金は２０１５年頃に赤字に転じるだろう。高齢者医療保険制度は１９９２年からすでに赤字経営に陥っている。両方あわせて74兆ドルという簿外債務は米国市民からの借金だが、世界中の株式市場や債券市場で調達できるお金の総額を上回っている。ということは、これからは医者の良し悪しではなく、財布の中身が人の生死を決めることになる。

3．ファイナンシャル教育が欠如している

例えば次のような基本的な現実を知らない人が多い。

- 確定拠出型年金４０１ｋは退職金プランである（つまり貯蓄商品である）
- 債券は安全ではない
- お金を貯めるのは危険なことだ

・なぜ投資信託のリターンはこんなに低いのか
・インフレーションとは何か
・労働者の税金がビジネスオーナーの税金よりも重いのはなぜか
・なぜ年金が消えつつあるのか……しかも合法的に

人々は問題があることには気づいているものの、同じことを繰り返している。今、何百万もの人々が何兆ドルものお金を株式市場やマイホーム、貯蓄プラン、債券に入れている。これらはこれまでは機能した資産だが、アメリカ合衆国号が氷山に衝突したらおそらく機能しなくなるだろう。

●有形の価値に投資する

1人の投資家として、私は米国ドルに投資するのには反対だ。はっきりさせておきたいのだが、私は米国に投資するのに反対しているのではない。アメリカは豊かで生産的な国だ。だが、私たちのドルはだめになってしまった。私のコラムを愛読してくれている読者の皆さんは、1971年を境に米国ドルがお金であることをやめ、通貨、つまりインクの付いた紙切れになってしまったことをご存知だろう。

私の意見では、あらゆる「インクの付いた紙」、アメリカ合衆国号の十分な信頼と信用に裏打ちされたすべてのものを除くべきだ。だから私は、とくに米国に依存した株式、債券、貯蓄、投資信託を怪しく思っている。私は不動産が大好きだが、今の時点でキャッシュフローを生まない物件は疑わしいものだと考えている。私は、不動産の将来の値上がりには投資しない……少なくとも今は。

現在、私は、有形の価値、なかでも、米国ドルの購買力が低下しても価格が上がっていく資産に投資している。とくに金、銀、石油のポジションを大きくしている。

小規模な投資家の場合、銀貨を買うのも賢明なことだろう。ドルが下がっても銀の価値はそのままか上昇するだろう。ただし古銭の珍品としてコインを買うのは、私はお勧めしない。私のある友人は、息子に、銀行にお金を預けるかわりに1週間に1枚銀貨を買わせている。この原稿を書いている今、その価値は12ドルくらいだ。彼は買ったコインを貸金庫に預けている。大きな投資ではないが素晴らしい習慣だ。

今日の経済状況では、インクの付いた紙を貯めるより銀を貯めたほうが良い。インクの付いた紙とは、現金、投資信託、株式、債券などだ。そういう姿勢は愛国的でないとおっしゃる方は、米国銀貨や米国金貨を何枚かお買いになってはいかがだろう。私はアメリカについては強気だが、米国ドルについてはもう何年もの間非常に弱気でいる。

（2006年3月7日）

第14回 米国ドルより金や銀に投資しよう

私は米国ドルについては弱気だが、それは何年も前からのことだ。だから私は米国ドルを大量に持っている。これは矛盾した話のように聞こえるだろうが、ちょっと説明させてほしい。価値がどんどん下がっていくと思っているのに大量に米国ドルを保有しているのは、米国ドルに執着がないからだ。現金《キャッシュ》は紙くず《トラッシュ》だと私は思っている。

世界の持てる者と持たざる者の格差がこれほど広がっている理由の1つは、持たざる者がお金を価値あるものだと思いこんでいることにある。彼らはお金のために働き、お金を貯め、お金にしがみつき、そしてお金を失っている。

つい最近、友人の1人がSUV車を買った。美しい車だ。問題は、彼が新車でディーラーの駐車場から出たとたんに、この車の価値が20％近く下がってしまったことだ。彼はいま借金をして、値下がりしつつあるドルで値下がりしつつある車の支払いをしている。彼は二重に負けている。

●現金を動かしつづける

ウォーレン・バフェットはよくこう言っている。「金持ちになる最良の方法は、お金を失わないことだ」新車のような消費財を買うとき、価値が縮小する物を買うお金を工面するのに借金をするとき、米国ドルを貯蓄するとき、人々はお金を失っている。それをインフレと呼ぶ人もいるが、私は通貨の切り下げだと言いたい。

心理学的に言えば、人々は、手持ちの現金や、そのお金で買う物の価値が下がれば下がるほど、ますますお金について心配する。彼らの多くはこれまで以上に一生懸命に働くようになるし、さらに悪いことに、もっと借金をして値下がりする消費財を買い込む人もいる。そして不幸なことだが、価値が下がっていくドルをますます減らしていくというケースが多い。

私が手持ちのドルを増やしているのは、ドルに執着していないからだ。私は、価値が下がるのではなく価値が上がっていく資産にドルを回し続けられるように最善を尽くしている。

1990年代後半、人々がハイテク株に押し寄せていたとき、私のお金は石油や金、銀、不動産など、価格の安いものに向かっていた。今はドルの価値が下がり続けているので、私は自分のお金をこうした種類の資産に投資しながらも、かなり用心している。

●迫り来る経済的な大災害

私が自分のお金を動かし続けている最大の理由は、米国ドルに対して弱気だからだ。「米国ドルは米国政府の十分な信頼と信用に裏打ちされている」という言葉はみんなが耳にしている。米国政府の信頼と信用が失われつつあるのは残念なことだ。アメリカ市民には、財政に責任を持つ政府の運営やドルの救済に必要な改革を断行するだけの胆力はないと思う。

ジョージ・W・ブッシュ大統領が社会保障制度の改革を行おうとしたとき、その提案は、イラク戦争以上にアメリカ市民の不評を買った。人々は給付を受けるのが大好きなのだ。ブッシュ大統領が処方薬に保険を適用するプランを強引に通したとき、私は米国ドルの破たんは決まったと思った。私に言わせれば、経済的な大災害を避けるすべての望みは失われてしまった。アメリカ市民はそれを選択した。

そう遠くない将来、世界の人々は米国のあまりにもお粗末な財政運営にうんざりして、米国ドルを買うのを躊躇しはじめるのではないかと、私は心配している。世界がドルに対する関心を失わないようにするには利率を引き上げなければならない。そうなったら、米国の資産、とくに米国の株式、債券、投資信託、預金といった紙の資産《ペーパーアセット》は価値が急落する。不動産の中には値上がりする物件もあるだろうが、過大評価された物件は下落する。

言うことがコロコロ変わる政治家のように聞こえるかもしれないが、価値が上がるペーパーアセットや不動産もある。そういった種類の資産で生き残るカギは、非常に慎重に対象を厳選することだ。分散する人は負ける。集中する人が勝つ。

●アメリカ市民はまだ目覚めていない

これからの数年間を生き延びる秘訣は、財産を米国ドルではなく本物のお金で持つことだ。価値があって世界中で取引されている物を買おう。金や銀といった商品には、国境や政治、宗教、人種を超えた世界市場がある。他人の宗教が好きでない人も、他人の金は受け入れる。

私が金や銀について強気なのは、アメリカ市民がまだこの種の資産に気づいていない様子だからだ。ほとんどのアメリカ人は、金や銀がどこで買えるのかさえ見当もつかない。だが、金や銀を売る直販店に行ったことがあるが、すでに在庫が少なくなっていた。

自分たちのドルはお金ではなく通貨であるという現実に目覚めたとき、アメリカ市民はパニックに陥るだろう。万一そんなことになったら、今の金や銀の価格など大安売りに等しい。

現在、ウォーレン・バフェットが保有する現物の銀の量は米国最大であると報じられていることを知っている人はほとんどいない。彼は、銀がまだ安かった1990年代後半に買っていた。それは、彼がハイテク株に投資しないことを批判されていた時期だった。

●執着しないことのメリット

先に書いたように、巨額のドルが、ドル暴落から守ってくれそうな安全な落ち着き先や避難場所を求めてさまよっている。その間に、不幸なことだが、また金持ちはますます金持ちになり、お金について世間知らずの人は相変わらずドルのためにあくせく働き、できるだけ多くのお金を貯蓄しようとして結局はどんどんお金を減らしている。

だから、私が保有するドルを増やしているのは、ドルにしがみついていないからにすぎない。この非常に不安定な時期は、ドルが下がっても財産の価値が上がり続けるようにしておくのが一番良いのだ。

（2006年3月21日）

第15回 好景気と不景気――投資の機会はいつ発生するか

「いまは不動産バブルなんですか?」

何度同じ質問を受けたことだろうか。私が正直に、「そう願っていますが」と答えると、たまに、質問者の心配そうな顔が怒りの表情に変わることがある。

「あなたは市場が暴落すればといいと思っているんですか」と1人の若者が信じられないという様子で聞いた。私が、ある大きな不動産投資セミナーのメインスピーカーとして講演していたときのことだ。

「ええ」と私は答えた。「私は暴落が大好きなんです」

その若者の態度から、彼がこれ以上私の説明を聞きたくないと思っているのは明らかだった。彼は、足を踏み鳴らし、非難めいた言葉をつぶやいたようだった。

好景気や不景気、バブルについては以前にも本やコラムで書いているが、世界で実に多くの好景気や不景気が待ち構えているようなので、この辺りでもう一度書いておこう。

長年にわたり、私は、好景気と不景気についていろいろと本を読んできた。そのほとんどは、オランダのチューリップ狂時代や南海バブル、そしてもちろん大恐慌について解説している。比較的良い本の中に、ノーベル賞受賞者のハイマン・ミンスキーが1982年に書いた『投資と金融――資本主義経済の不安定性』(Can It Happen Again?) がある。この本の中で、彼は、金融バブルの7つの段階について説明している。

それは次のようなものだ。

第1段階…金融の衝撃波

金融に混乱が生じて経済の現状が変わったときに危機が訪れる。それは戦争かもしれないし、低金利かもしれない。あるいはハイテク景気のときのように、新しい技術という形で現れる場合もある。

第2段階…加速

すべての衝撃波が好景気に変わるわけではない。火を燃やし続けるには燃料が必要だ。2001年9月11日の同時多発テロ後に株式市場が暴落し、金利も下落したとき、不動産市場の燃料となったのはパニックだったと私は考えている。何十億ドルものお金が銀行や株式市場から不動産市場に流れ込み、史上最大の活況を呈した。

第3段階…陶酔

誰もが好景気を見逃したことがあるはずだ。賢い投資家は、そんなときはあわてて飛び込むのではなく、次の好景気を待つべきだということを知っている。しかし、景気が加速し人々が好景気に陶酔し始めると、大馬鹿者が殺到する。

2003年までに、あらゆる愚か者が不動産市場に参加するようになった。地元のスーパーのレジ係の女性が、印刷したての不動産仲介業の名刺を私にくれた。住宅市場の動向は、パーティーの席で熱く語られる話題になった。「転売」がPTAのミーティングで流行語になった。クレジットカードの債務者が長期の借金をして短期の借金を返済するために、マイホームは現金自動支払機と化した。

住宅ローンの会社は何度も広告を出して、もっとたくさん借金をするように人々に勧めた。顧客に、なぜ彼らの年金プランに損失が出たのかを説明するのに疲れたファイナンシャル・プランナーが、不動産業界に飛び込んで住宅ローンのブローカーになった。この時期、素人たちは、自分は不動産投資の天才だと信じていた。自分たちがいくら儲けたかとか、いかに頭が良いかについて、だれかれかまわず話をしていた。

第4段階…経済的困窮

インサイダーがアウトサイダーに売る。大馬鹿者たちが罠に向かってなだれ込んでいく。最後の愚か者たちとは、市場に飛び込むのが恐ろしくて、価格が上がるのを何年も傍観してきた人たちだ。ついに彼らも、周囲にたちこめる陶酔感や、大儲けしたという友人や近所の人の話にがまんができなくなった。新参者や疑り深い人、素人や臆病者がとうとう欲張り心に打ち負かされ、現金を手に罠に殺到する。

ほどなく経済的困窮という現実が姿を現す。大馬鹿者たちは、自分たちが深刻な問題を抱えていることに気づく。彼らは恐怖心にかられて資産を売り始める。株式、債券、投資信託、不動産、貴金属など、かつては大好きだった資産を大嫌いになる。

第5段階…好景気が一転して不景気になる

素人たちは、価格はつねに上がり続けるものではないことに気づく。彼らは、プロの投資家たちは資産を売っていて、もはや買っていないことにも気づくかもしれない。買い手が売り手となり、資産の価格は下落し、銀行が融資を渋り始める。

ミンスキーはこの時期を「信用失墜」の時期だと述べている。金持ち父さんはこう言っていた。「それは、神様が人間に、人間は自分で思っているほど賢くないことを思い起こさせてくれる時期なんだよ」悪銭は身につかず、損失が急速に膨らんでいく。不動産投資では、大馬鹿者は、自分が物件の価値以上に借金をしていることに気づく。彼の経済状態も一転して悪化する。

第6段階…パニックが始まる

素人たちは、いまや自分の資産が大嫌いになっている。価格が下落して銀行が融資をストップすると、彼らは資産の投げ売りを始める。パニックはますますひどくなる。いまや好景気は公式に不景気となった。この時点で、株式市場でよく行われるように、暴落の速度を落とすための対策が講じられる場合もある。事態が良くならなければ、人々は最後の貸手にすべての人々の救済を求める。最後の貸手とはたいていの場合は中央銀行だ。

第7段階…救世主が現れる

不景気もあまりにひどくなると、政府が介入しなければならなくなる場合がある。例えば、1990年代、前回の不動産不況の後、政府は整理信託公社（RTC）という政府機関を設置した。どうも政府が何かをするときは、無能さを最大限に発揮することが多いようだ。RTCは、非常に素晴らしい不動産を二束三文で叩き売り始めた。政府の官僚には、どの不動産が値打ちがあるのかわからなかったのだ。

1991年、私は妻のキムと共にアリゾナ州フェニックスに移り住み、買えるかぎりの不動産物件を買い始めた。政府が物件を厄介払いしたがっていただけでなく、素人投資家や大馬鹿者たちも不動産を大嫌いになっていて、投資をやめたがっていた。私たちに電話をよこしたり、お金を払うから物件を手放すのを手伝ってくれと言ったりする人々がいた。キムと私はこの時期に大いに儲け、1994年までに引退することができた。

現在、フェニックスは米国で最も速く成長している主要都市で、物件1ユニットあたりの価格上昇では全米一だ。ちなみにラスベガスは米国で最も速く成長している小都市だ。

もう一度言うが、私は「市場の暴落が大好き」だ。

妻も私も、いまも投資を続けているが、冬眠中の熊のようにパーティーが終わるのを待っているところだ。ウォーレン・バフェットはこう言っている。「私たちは、他の人々が欲張りになっているときは恐れ、他の人々が恐れているときは欲張りになるようにしている」

だから、「いまはバブルなんですか?」と聞くより、次のように聞いたほうが、お金に関する知性は高いと言えるだろう。「いまはバブルのどの段階にあるのでしょうか」そして、いまは恐れるべき時なのか、欲張りになるべき時なのか、あるいは冬眠すべき時なのかを判断すればよいのだ。

(2006年4月4日)

第16回 石油危機がやってくる

1973年にはもう職に就いて働いていたという人はどれくらいいるだろうか。もしあなたがそうなら、私と同じような経済状況を体験しているはずだ。だが、当時まだ学生だったとか、石油危機の時代を経験したことがないという人は、早く備えをしたほうがいい。そういう時代が猛烈な勢いで再来するかもしれないからだ。

1974年に私は海兵隊を除隊し、ゼロックス社に入社して、最初で最後の就職をした。当時、米国はひどい不景気だった。1973年から1974年にかけて、米国はエネルギー危機の真最中で、インフレ率は2ケタにもなっていた。スタグフレーションという新しい言葉が使われるようになった。ひどいインフレなのに経済は成長していなかったからだ。

エネルギー危機のせいで、マイカーが2台必要だった。私はコルベットとフォルクスワーゲン製のカルマンギア・コンバーチブルを持っていた。偶数日はコルベットに給油し、奇数日にはもう1台に給油した。また、ガソリンの消費を減らすために制限速度が時速65マイルから55マイルに抑えられたので、私はよくスピード違反の切符を切られた。

最悪なことに、ゼロックス社の新人セールスマンとして販売を学んでいた私は、同社のコピー機の契約を維持するだけで四苦八苦していた。その頃のゼロックス社は、コピー機を売るのではなくリースしていた。景気が悪くなると、企業が真っ先にやめてしまうのがゼロックス社のコピー機だった。契約が1件解約になるということは、私が2件の契約を獲得しなければならないことを意味していた。1台は、解約されたコピー機の損失を穴埋めするため、もう1台は、ガソリン代や食費に充てる十分なお金を得るためだ。月によっては、解約件数が成約件数を上回ることもあり、私は何度かクビになりかけた。

●原油価格は上がり続ける

こんな思い出話を長々としているのは、1973年から1974年にかけての危機が再来しようとしていると思われるからだ。またしても、原油価格が急騰している。70年代中頃、原油価格は1バレル3ドル未満から1バレル35ドル以上にも跳ね上がった。また1974年にはベトナム戦争が泥沼化していた。勝ち目のない戦争だった。

1998年、原油は1バレルわずか10ドルだったが、今は60ドルを超えている。そして、米国は勝てないかもしれない戦争を続けている。

前回と今回の違いだが、少なくとも私の見る限り、今回の方が1974年のときより状況は悪い。例えば、1973年から1974年にかけて、そして1978年の石油危機は政治的な問題だった。今日の石油危機は、供給の減少と需要の増大という問題だ。言い換えれば、今度こそ本当の石油危機なのだ。

現在、多くの人は、原油価格はまた1バレル35ドルのレベルに戻るだろうと考えて心配していない。技術が進んだり、エネルギー会社がもっと油田を見つけたりして、また良い時代が来ると信じている人もいる。

私はそうは思わない。私は石油の専門家ではないが、1966年から1968年までカリフォルニアのスタンダード・オイル社に実習生として雇われていた。そこで、石油と石油業界について多くのことを学んだ。確かに原油価格は、1970年代にじりじりと値を戻したが、私は、これからは値下がりどころか値上がりするだろうと考えている。遠からず原油価格が1バレル100ドルをつけ、スタンドでのガソリン小売価格が1ガロン5ドルから12ドルに跳ね上がっても驚くにあたらないだろう。

●富とエネルギー

石油の高値は、富とは実は様々な形のエネルギーであることを如実に示している。その意味するところはお金の問題だけではない。私が正しければ、石油が1バレル100ドルを超えると、会社や人によっては富の等式は①のようになる。

郊外に住んでいて職場まで長距離を車で通勤しなければならない人の場合、エネルギーの値段が上がると富は減少する。航空会社や食品会社、自動車メーカーなどもそうだ。安いエネルギーに頼って成長しているハワイなどの観光地についても同じことが言える。

他方、②のような富の等式を示す人々や会社もある。

石油会社に投資したり、石油生産設備を所有したりしている人々の経済状態は、この等式を反映する。最近、エクソンモービルがウォルマートを抜いて米国で最も収益の高い企業になったのはそういうわけだ。

●憂慮すべきギャップ

地球温暖化を憂える多くの環境問題研究家は、石油の供給が減少していることを喜んでいる（石油を風力や太陽光といった形の、より再生可能なエネルギーに替えていくことは本当に必要だ）が、考慮すべき懸念がもうひとつある。エネルギーコストが値上がりを続け、経済成長が止まって縮小し始めると、株式の多くが暴落し、年をとった米国市民が引退する余裕を失う。また、インフレが急速に進み、倒産したり事業縮小したりする企業もでてきて、失業者も増える。私たちは、地球温暖化だけではなく文化的生活の混乱にも直面することになるだろう。

今日の問題は、石油会社が近視眼的になりすぎていること、環境問題研究家が遠い将来ばかり見すぎること、そして政治家たちが選挙で再選されることばかり気にしていることだ。その結果、石油と代替エネルギーとの間にギャップが生じている。このギャップからあらゆる困難が生じるかもしれない。

次回は、なぜそのような事態が避けられないと思うのか、そして私がどういう備えをしているのかについてお話ししよう。来るべき状況は、１９７３年から１９７４年、あるいはスタグフレーションの再来ではない。今の文明が終わりを迎え、優れた新世界が誕生する可能性もあるのではないかと私は思っている。

私の最も偉大なる師であるバックミンスター・フラー博士は、１９８２年の授業でこう語った。「まもなく人類は、理想郷と見込みのない状況のいずれを選ぶのか、その選択を迫られることになるだろう……それは、私たちが自分たちだけのために働くのか、あるいは私たちの惑星のために働くのかという選択だ」

（２００６年４月18日）

①エネルギーの価格が上がれば富は減少する

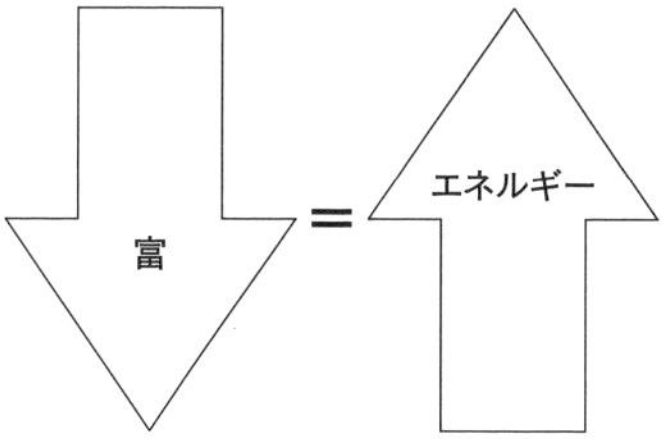

②エネルギーの価格上昇で富が増える場合もある

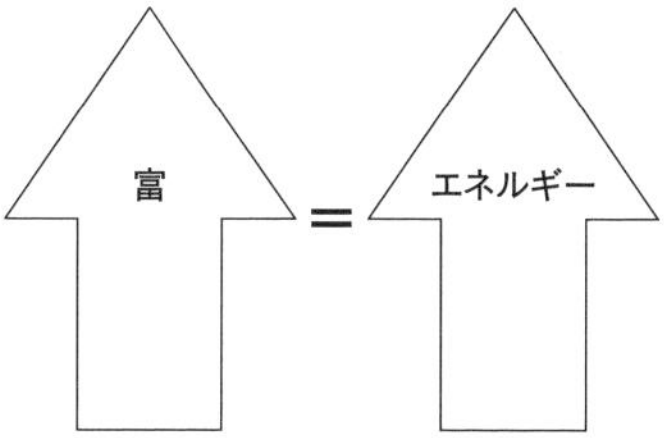

第17回 私が銀を好きな5つの理由

市場でやけどをする人がこれほど多い理由の1つは、彼らが、値上がりしているのを見て買い始めることにある。1990年代末に起こったドットコム・バブルの狂乱を記憶している人も多いはずだ。2000年から2005年までは不動産バブルだった。私がこれを書いている今は、石油、天然ガス、金、そして銀だ。金が1オンス600ドルを超え、銀が1オンス10ドルの壁を突き抜けた時、多くの友人が私のところへ来て、「君が、金や銀がいいと言っていた理由がやっとわかったよ。どこに行けば買えるか教えてくれ」と言った。だが、彼らが理解したのは、金や銀の価格が上昇しているということだけではないかと思う。著名な投資家ウォーレン・バフェットはこう言っている。「株（金、銀、石油、バービー人形、ミッキー・マントルの野球カード）を買う世界一愚かな理由は、値上がりしているから、という理由だ」

●理解せよ、さもなくば歩み去れ

バフェットがよく使うキーワードに、「理解する（understand）」という言葉がある。

「投資は理にかなったものでなければならない。理解できなければ、やらないことだ」

いま私は、石油、天然ガス、金、銀への投資を検討するよう勧めている。私が銀に強く惹かれているのは、これを書いている時点で価格が比較的安いからだ。それに銀は、不動産と違って、良い成績をあげるのに多額の資金やお金に関するスキル、デューデリジェンスの労力や物件管理の技術は必要ない。銀は一般の人に手の届く値段で買え、管理能力は最小限ですむからだ。銀をいくらか買って銀行の貸金庫に入れておくだけで、管理の悩みから解放されるのだ。

今なら、20ドルにも満たない元手で誰でも銀相場のゲームに参加できる。おまけに銀は買うのが簡単で、ある程度の換金性もある。地元のコイン商のところに持っていくだけでよい。

だが、その前に質問したいことがある。あなたは銀を理解しているだろうか。なぜ銀が良い投資なのかがわかっているだろうか。また、なぜ銀が悪い投資にもなるかがわかるだろうか。これらの質問の答えがわからなければ、自分に理解できるものを続けることをお勧めする。

私は銀の専門家ではないが、私が銀という資産について強気な理由は以下の通りだ。

1. 銀は消費される

貯蔵される金とは違い、銀は工業用として消費される。デジタル写真が登場する前は、銀は長年カメラや映画のフィルムに使用されていた。今日も銀は電子工学の分野で広く用いられている。

なぜこれが、いま銀相場に投資すべきだという基本的な理由になるかと言うと、銀は貯蔵量が減少しつつあり、価格は需要と供給によって決定されるからだ。

2. 銀は貴金属である

何世紀にもわたって銀は実質貨幣として使用されてきた。人類は太古の昔から、金と同様、銀に魅了されてきた。私は何年も前から世界中の金や銀の採掘現場を訪ねているが、中国、南米、メキシコ、アフリカ、カナダなど、どこの現場を見ても、そのたびに驚き、感心する。

ペルーで、ある山の頂に立った時のことは今でも覚えている。私は金鉱のデューデリジェンスを行い、山肌に掘られた小さな洞窟を視察した。その洞窟は古代インカ人が金を探し求めて掘ったものだった。スペイン人たちがやってきてインカ人から富と国土を奪うずっと前のことだ。標高1万4000フィートの山頂は、酸素が薄いために息苦しかった。この不毛で過酷な環境で暮らし、金を求めて穴を掘った古代人たちは何に突き動かされていたのだろう、と私は考えた。そのとき、自分も彼らと同じ理由で、同じ場所に立っていることに気づいた。私が何世紀か後に来たにすぎない。

3．私が不動産、石油、金、銀に投資している最大の理由は、米ドルが世界中でペソのような存在になってしまったことだ。アメリカが世界最大の債務国になったせいで、米ドルの価値はどんどん下がっている。

アメリカの債務はいったいどれくらいひどいことになっているのだろうか？　米国財務省によれば、初代から42代目までの米国大統領（ジョージ・ワシントンからビル・クリントンまで）は、1789年から2000年までに総額1兆100億ドルの借金をしたが、2000年から2005年の間に、ジョージ・W・ブッシュ大統領は1兆500億ドルもお金を借りた。しかも彼の任期はまだ数年残っている。

アメリカの政治指導者たちに、この国がしっかりした経済基盤を取り戻すのに必要なことをするだけのガッツがあるとは思えない。私は、共和党や民主党を責めているのではない。これは、社会保障制度というケーキの上に高齢者医療保険《メディケア》というアイスクリームも欲しがったアメリカ市民の責任だと思う。米国大統領をはじめ、ほとんどのアメリカ人は「もらって当然」という考え方にとらわれている。これを変える必要がある。個人の問題を政府が解決してくれると期待している市民があまりにも多い。

アメリカの政治家や市民が、強い米ドルのために必要な変革を進めるだろうと考える人は、銀を買わないことだ。だが私と同じで、私たちアメリカが国家として苦い薬を飲むことはないだろうと思っている人は、ドルを空売りすることだ。ドルという通貨を空売りするには、金や銀を買い持ちすればいい。

4．普通株（株式）と商品（金、銅、石油および銀）は、循環買いの対象だ。

平均すると、20年かけて株価は上昇し、商品価格は下降する。その後、どちらも折り返して反対方向へ進む。歴史を振り返って見ると、普通株（株式）は１９８０年に値上がりを始め、２０００年に崩壊した。同じ２０００年に、商品が上昇を始め、普通株が下降に転じた。つまり、２０１６年～２０２０年くらいから株式市場に戻り、商品市場から撤退すればいいわけだ。

5．銀の価格連動型投資信託（ＳＬＶ）が4月28日に発売された。これからは銀という商品を紙の資産として売買できるということだ。

これで、一般の人でも簡単に銀を買えるようになった。金属を物理的にやりとりする必要がなくなったからだ。何百万という年金基金が、紙の資産として銀を持つことができる。その際には投資信託が実際に銀を買い、それを投資家に代わって保管することになる。これによって銀という金属の希少性が高まり、供給が減って価格が上昇するはずだ。

以上が銀について私が理解していることの簡単な説明だ。そしてこれが銀について私が強気な理由でもある。私が銀を買うのは、銀価格が上がっているからではなく、なぜ価格が上がっているかを自分が理解していると思うからだ。

もちろん私が間違っている可能性もある。しかし1オンス20ドル未満の価格なら、銀は買い得だというのが私の意見だ。これは一般の人にも手が届く最後のすばらしい投資だと私は確信している。そしてこれに多くの人が気づいた時、またバブルが生まれ、当然、どこかの時点で崩壊するだろう。

（２００６年5月2日）

第18回 GMとアメリカの病

「ゼネラルモーターズにとってよいことはアメリカにとってもよいことだ（What's good for General Motors is good for America.）」という有名な言葉がある。この言葉が最初に使われたのは何十年も前のことだが、むしろ今の時代にこそぴったりだと私は思う。

GMは今、不振にあえいでいる。以前、「GMが苦しいのは車がよくないからだ」と言った友人に、こう答えたことがある。「GMの問題はもっと根深いよ。経営の仕方にそもそもの原因があるんだから」

GMの問題は、アメリカ政府が抱える問題ととてもよく似ていると思う。両者とも経営の問題、もっと厳密に言えば、誤った経営の問題を抱えている。

●ファジーな算術

ウォーレン・バフェットの投資手法について書かれたBuffettologyという本に、GMの問題点を明快に突いた一節がある。

「これと同じ現象（企業が借金によって成長すること）がゼネラルモーターズの財務記録にも見られる。1985年の初めから1994年の終わりまでの間に、同社は1株当たり約17・92ドルの利益を上げ、1株当たり約20・60ドルの配当を支払った。またこの間、設備改良に1株当たり約102・34ドルを投資した。ここでひとつの疑問が頭をよぎる。この期間の1株当たり利益が17・92ドルで、支払った配当が20・60ドルだとすると、上乗せ分の2・68ドルと設備改良に投じた102・34ドルは、いったいどこから来たのだろうか」

ファジーな算術とはまさにこのことだ。10歳の子供に聞いても、17ドルから20ドルを引くことはできないと答えるだろう。17ドルしか収入がないのに102ドルも使うなどということができるだろうか。

私は、個人的にはGMの車が好きだ。初めて買った新車は1969年式のコルベットだった。値段は6000ドルだった。生活費の大半が月々のローンの支払いに消えたが、それも苦にならないほどこの車が好きだった。今も持っていたらと思うくらいだ。その後も、GMのSUVやシボレーのトラックを持っていた。だから私はGMの車に批判的ではない。気に入っている車種もある。

●苦い薬

私が思うに、GMとアメリカ政府に共通する問題は、規模が大きくなりすぎたことと、上に立つ者がその時々の課題をうまく処理してこなかったことだ。両者とも、規模の大きさと過去の栄光に頼って商売をし、借金によって問題を切り抜けようとしてきた。

財務省によれば、初代のジョージ・ワシントン(1789年)からビル・クリントン(2000年)までの42人の大統領の時代に、アメリカが外国政府や金融機関から借りたお金は総額1兆100億ドルだった。ブッシュ政権は、2000年から2006年にかけて1兆500億ドルの借金をした。そう、建国以来の211年間の借金とほぼ同じ額をこの5年間で借りてしまったのだ。

GMにとってよいことは本当にアメリカにとってもよいことなのだろうか。GMとアメリカが、財政基盤を立て直すために為すべきことをしようとすれば、世界経済が崩壊してしまうほどの事態になるのではないかと心配になる。

●アメリカは成長を続けられるか

しかし石油価格の高騰によって、いずれにせよ両者は厳しい財政の現実を直視せざるを得なくなるかもしれない。そうなると、安価なエネルギーと低利の融資という、アメリカ企業と経済を成長させてきた原動力が失われることになる。原油価格の上昇はすぐには止まらないと私は見ている。政治的な要因ではなく需給の問題だからだ。

アメリカがこれほど借金を続けていられるのは、ひとつには経済が成長し続けているからだ。しかし、図③の等式について考えるとき、いつまで成長し続けられるのだろうかという疑問が湧いてくる。

GMとアメリカの富は、経営を誤ったために減少している。そのうえ石油価格が高騰しているので、お金を借りて問題を解決することが今後は難しくなってくる。問題を解決してくれるお金がなければ、さまざまな問題の根底にあるおおもとの問題が一層悪化するだろう。今後厳しい時代がやって来る可能性がある。

ここであなたに質問だ。石油と金利はいずれ再び安くなるだろうか。それとも、そういう時代は終わったのだろうか。この問いに対する答えが、あなたの投資戦略を左右することになる。

●株主と従業員を失望させる

GMの借金がいかに無意味だったかが、前述の Buffettology の中で指摘されている。

「ゼネラルモーターズは、1985年の初めから1994年の終わりまでの間に債務を約330億ドル増やした。1株当たりで約43・70ドル増えた計算だ。また、普通株を新たに1億3200万株発行した。さらに、内部留保した利益を新車開発に吸い取られたため、1株当たりの簿価は、1985年の45・99ドルから1994年の11・70ドルへと34・29ドル下落した。こうしたことが株主価値の増大に役立っただろうか。いや、まったく無意味だった」

GMの経営陣は、従業員だけでなく株主の期待も裏切った。どちらか一方をがっかりさせることはあり得るが、両方ともというのは普通あり得ない。エンロンは両方の期待を裏切ったが、その経営陣がどうなったかはご存じの通りだ。

Buffettology は、ＧＭについてさらに次のように書いている。

「１９８５年の初め、ゼネラルモーターズ株は1株40ドルで取引されていた。10年後の１９９４年の終わりにも、ご想像通り40ドルで取引されていた。10年間の事業活動と３３０億ドルの債務増加と1億３２００万株の増資にもかかわらず、株価はまったく変わらなかったのだ」

1億３２００万株の増資とはとんでもない希薄化だ。その愚かさは、ドルを増刷していながらドルの価値はなぜ下がっているのだろうと不思議がっているアメリカ政府に勝るとも劣らない。

●何が起こりつつあるかに注意しよう

結論を言えば、ＧＭとアメリカにとってよいこととは、労働者と投資家を公平に扱うことではないだろうか。事実をありのまま伝え、無能さを素直に認め、ごまかしをやめ、ファジーな算術をやめればいい。もちろん、本当のことを言えば経営者たちは今の地位を追われることになるだろうが、経済の回復にとってはよ

③エネルギーの価格が上がれば富は減る

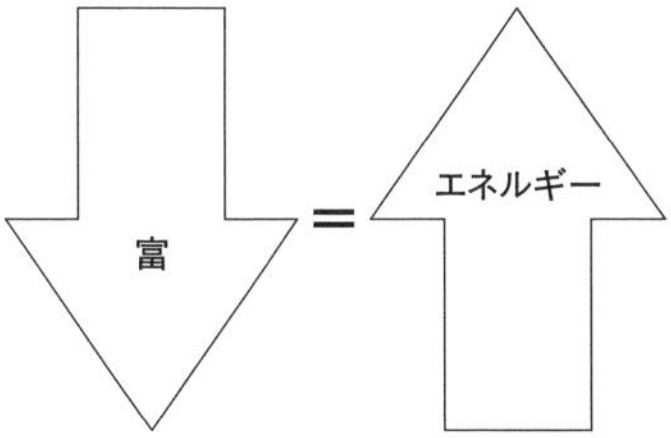

いスタートになるかもしれない。

私は、国や企業のリーダーたちの言葉を信じない。私が信じているのは、彼らが守るのは自分の利益だということだ。だから私は、自分の事業や不動産、石油、また金や銀には投資するが、ブルーチップ（優良株）は保有しない。一流企業が不誠実だと言っているのではない。ただ、彼らのことや彼らのファジーな算術を信じていないだけだ。

みんなの将来のことがひじょうに心配だ。GMとアメリカにとってよいことがこれから起こるからだ。あなたや私、私たちの家族はどうなるのだろうか。どうか賢く投資してほしい。

（2006年5月16日）

第19回 投資ではどの専門家を信じるかで運命が決まる

最近オフィスを掃除しているときに、読み忘れていた2006年5月8日付けの古いUSAトゥデイ紙を見つけた。マネー欄を開くと、株式市場に関するいくつかの興味深い記事があった。その欄全体の見出しはこうだった。「ダウ史上最高値に迫る」

記事の最初の部分を引用してみよう。「2002年10月9日、ニューヨーク。1929年の大恐慌以来最悪の暴落に見舞われていた株式市場では、ダウ工業株30種平均がこの日底を打った。終値は2000年1月に記録した史上最高値より4437ドル低かった」記事は続く。「あれから3年7か月の間にダウは4291ドル上昇し、下落した分をほぼ完全に取り戻した」

「考えてもみろよ」私は記事を読みながら独り言を言った。4年近くの間、一部の株投資家たちは、自分たちの船、この場合は株式ポートフォリオだが、それがゼロ地点、つまり4年前にいた場所に戻ってくれるようにと「祈りながら待っていた」ということだ。そして、祈りながら株を持ち続けている間に、彼らは、エコノミスト誌が世界史上最大の金融ブームと名付けた不動産市場の世界的なブームに乗り損ねたのだ。

●大改造してみたものの

その新聞を置きながら、私は思った。「一体何人の投資家がそうしたのだろう」一体誰が彼らに祈りながら待っているように――その結果、彼らは不動産ブームに乗り損ねたのだが――言ったのだろう。その新聞の第4面を開くと、「夫婦とお金」という欄があり、それを読んで、ここに答えがあるかもしれないと思った。それは、USAトゥデイが連載していた資産運用の大改造に関する記事の1つだった。その記事が取り上げた夫婦は、2人あわせて13万ドルの年収があり、28の投資信託に投資しており、20枚のクレジットカードと4つの預金口座を持ち、7つの年金口座にお金を積み立てていた。そして、そのうち3枚のクレジットカードだけでも、住宅担保ローンと自動車ローンから移した合計4万4000ドルの負債があった。

彼らがファイナンシャル・プランナーにした質問は、「今のままでいいでしょうか、それとももっと思い切ってやるべきでしょうか」というものだった。この専門家との相談のあと、この夫婦は投資信託を減らして、貯金を増やすことにした。結局、投信の数を29から24に減らし、貯金のペースを上げた。彼らはさらに評価額75万ドルの家を所有し、20万ドルの住宅ローンを抱えていた。相談の結果、彼らは、60歳で引退し、暖かい場所に別荘を買うという計画は実現できないかもしれないことに気づいた。

私が見落としたのかもしれないが、この夫婦が彼らの新しい運用プランを前より積極的なものになったと考えたのか、それともその逆かということが記事を読んでも分からなかった。ただ、私は彼らのプランがあまり変わっていないと思った。沈みゆくタイタニック号の上でデッキチェアを並べ替えただけなのではないだろうか。もし、彼らが保有する投信の数がもっと少なく、1990年代後半に、別荘物件も含めて、不動産にもっと投資していたならばどうなっていただろうか。

資産運用の大改造のあとでも、この夫婦がやっていることは以前とあまり違わないと思う。実際のところ、彼らは結構まずい状況にあるかもしれないと私は思う。たとえ彼らが、自分たちは現在うまく資産運用していると思っているとしても、安心快適な老後ではなく、むしろ長期にわたって経済的に苦しい老後が待ち受けている可能性もある。彼らの運用大改造はまったく思い切ったものではない。彼らはいつまでたっても十分なお金を貯められないかもしれない。彼らの運用プランは、今はよく見えるかもしれないが、将来はどうかわからない。

●ドルにご用心

ニューヨークヤンキースのヨギ・ベラが言ったように「これからは、これまでのようにはいかない」のだ。この夫婦がまずい状況にあると思う理由は、この新聞の同じセクションの第2面に見つかった。第2面の下のほうに、見落としてしまいそうなくらい目立たない記事があるのだが、これは未来の方向を示唆していると思う。その記事の見出しは「バフェット海外に投資シフト」となっている。「ウォーレン・バフェットは、海外により有望な投資対象があると言う。そして、その言葉通り、イスラエルの工具メーカーを支配すべく株式を買い集めたことを発表した」

これを読んで、「彼はタイタニック号から避難しようとしているのだろうか」と思った。答えは読者が自ら考えてほしい。バフェットがついに、しかも初めて、アメリカの外で投資をしているという事実が、第4面に登場した夫婦について私が心配する理由なのではない。私が言いたいことは、この記事に引用されているバフェットの次の言葉が言い表している。「わが社（投資会社バークシャー・ハサウェイ）はこれからますます海外に目を向け、現在の現金保有高400億ドルを100億ドルにまで減らしていくだろう」

第4面に登場した夫婦がもっと働きながらドルの貯金を増やそうとしている時に、世界で最も裕福な投資家ウォーレン・バフェットは手持ちのドルを減らそうとしているのだ。確かに、100億ドルに減らしてもまだ莫大な貯蓄の額だ。それでも、私は読者に聞きたい。投資家として、あなたはどちらにより似ているだろうか。第4面に登場した夫婦か、それとも第2面に登場するウォーレン・バフェットか。ドルの保有高を増やそうとしているのか、減らそうとしているのか。

私は何年間もドルについて弱気な見方をしてきた。私はまた、長いあいだ「貯めたら負けだ」と言ってきた。

私の読者には、「お金を貯めて借金から抜け出し、（投資信託で）長期投資・分散投資をしなさい」という典型的なファイナンシャル・プランナーのアドバイスを鵜呑みにせず、自分の頭で考えてほしい。私の読者への質問はこれだ。「第2面でオマハの賢人がドルの保有を減らすと言っているのに、なぜ第4面に出てくるファイナンシャル・プランナーは、この夫婦は貯金を175万ドル増やす必要があると言っているのだろう」バフェットについての記事が言うように、この有名な投資家は「引き続きドルについて弱気」なのだ。

あなたはどちらの言う事に耳を傾けるだろうか。

●救命ボートを降ろす

バフェットは言っていないが、彼がドルに弱気な見方をしているのは、アメリカという国の経営手腕に対する信頼を失いつつあるからだと思う。結局、アメリカは石油のために費用のかかる戦争を戦っているし、エネルギー価格は上昇しており、アメリカの貿易収支は赤字で、国の借金は膨らんでいる。それに加えて、7800万人のベビーブーム世代の人たちが今後次々に定年を迎えようとしている。

何年も前、まだ銀の価格が安かった1990年代後半に、バフェットは銀を買っていた。彼は、ハイテク・バブルを無視して銀なんかに投資していると言ってずいぶん批判されたが、バブルはその後派手に崩壊した。現在、彼はおそらく、個人としては世界最大の銀保有者であり、銀の価格は上昇している。

そして今、彼はドルをどんどん手放して海外のビジネスに投資している。これは何を意味するのだろう。バフェットはタイタニック号の上でデッキチェアを並べ替えているのか、それとも避難のために救命ボートを降ろそうとしているのだろうか。もう1つ質問しよう。どちらの専門家が正しいのだろうか。もっとドルの貯金を増やすようにアドバイスしている第4面の専門家か、それとも第2面にいる専門家だろうか。

（2006年5月30日）

第20回 冷え込む不動産市場で儲ける方法

抵当流れ物件が増えているという話が全米のいたるところで聞かれる。（物件の価値の125％もの額のお金を借り入れたり、高い変動金利で借りるといった）特殊な住宅ローンを組んでいる多くの人がローンの返済に苦労しており、返済できなくなる人もいる。

また新規の不動産供給、なかでも分譲マンションの供給が過剰になってきている。不動産投資の大ベテランである友人の話によると、かつて全米で最も人気の高かった不動産市場のひとつカリフォルニア州サンディエゴ郡では、市場が軟化しつつあるにもかかわらず何千戸ものマンションが売り出されようとしているという。彼の予測では1万2000戸以上のマンションが販売される見通しだが、サンディエゴ郡の市場は、最も好調なときでも年間1000戸程度しか吸収できない。彼の見方が正しければ、今後1年間に12年分のマンションが供給されることになる。

金利が上昇し、熱心な住宅購入者は減り始めている。そういうなかで不動産の供給がさらに増えれば、売り手にとってはすでに「悪い市場」である不動産市場が、買い手と投資家にとっては最高の市場になる可能性がある。

●貪欲なワニ

今一番困っているのは、安く買った物件を短期間で高く売るフリッパー（転売目的で投資する人）たちだ。完成したときに売れば儲かるだろうと考え、マンションを計画段階で、つまり建築前に買ったフリッパーが大勢いる。彼らは、このやり方でぼろ儲けをした人たちの話につられて市場に出てきたが、困ったことにその大半はぼろ儲けどころかとてもひどい目に遭っている。手付け金を捨ててマンションの購入をあきらめるか、自分以上の愚か者が市場のどこかにいることを祈りつつしぶしぶ買うほかなくなってしまった。

覚えている人も多いだろうが、2000年ごろにもこれと同じことが起きた。あのときは、アマチュア投資家たちが株式市場にいきなり飛び込んできて、テクノロジー関連株や社名の最後に「ドットコム」が付くあらゆる新規公開株を買い占めた。

これからしばらくは、維持し続けられなくなった不動産物件を投げ売りする人が増えるだろう。これらの人々は「負のキャッシュフロー」の餌食になってしまったため売らざるを得ないのだ。お金というエサを毎月与えなければならない投資物件は「ワニ」というあだ名を持つ。毎月エサをやらなければこっちが食べられてしまうという意味だ。

私の知り合いに、いわゆる不動産投資家（彼のような人は投資家ではなくむしろ投機家と呼びたいところだが）がいる。3つの家を所有し、これを転売して儲けようと考えていたが、値段を高くつけ過ぎたため売れなかった。このため、負のキャッシュフローを生む「ワニ」に毎月7500ドルものエサ代を取られてしまっている。問題は、彼にも彼の妻にもそれだけの月収がないことだ。おかげで彼らは、転売で得た利益と貯蓄を、3匹のワニに文字通り食い尽くされようとしている。

さらに痛ましいことに、以前の転売で得た利益にかかるキャピタルゲイン税の支払いがまだすんでいない。こうなっては万事休すだ。彼らはワニの餌食になってしまった。ワニにエサをやることもできなければ、ワニを売ることもできない。ワニの価値が、買ったときより下がってしまったからだ。これはほんの一例だ。彼のような人がいったいどれだけいることやら。今後数年間は、掘り出し物を見逃さないように注意しておこう。

●プロの出番

不動産市場が悪い時期に入ったと言う人がいるが、私はそうは思わない。すばらしい時期がやってきたと思う。悪い時期というのは、アマチュア投資家が不動産の専門家になって価格を釣り上げるときのことだ。彼らのおかげで住宅は高くなり、しかも彼らは買った物件の価値を高めることをめったにしない。彼らがやることは、市場を掻き回し、価値ある投資対象としての住宅の価格を釣り上げることだけだ。

かくいう私もときには転売をすることがあるので、他人様のことをあまりとやかく言うことはできない。だがアマチュア投資家は、パーティーに遅れてやって来て、結局はプロにお金を寄付することになる。つまり私が言いたいのは、今はプロになる時期だということだ。アマチュアでいてはいけない。市場が盛り上がっているときに飛び込んで来るのがアマチュアで、市場の熱が冷めたときに登場するのがプロだ。この違いがわかってもらえるだろうか。

不動産市場が最高潮に達しオーバーヒートし始めたころは、よく考えてから決断する時間的余裕はなかった。売り手のもとには、言い値を超えるオファーがいくつも寄せられていたから、買う側は即断即決し、資金を手元に用意し、少し間抜けにならなければならなかった。しかし、市場の熱が冷めてきた今、売り手はやや腰が低くなっている。このため買い手は、じっくり見極めてから行動する余裕を持てるようになった。よりよい条件を求めて売り手と交渉し、よりよい取引ができるようになったのだ。売り手がワニの口に片脚を突っ込んでいる場合は特にそうだ。

●悪い知らせはよい知らせ

だが、ここで焦ってはいけない。まだしばらくは悪いことが起こりそうだからだ。私は悪いニュースは債券市場からもたらされるのではないかと思っている。アメリカの国債を買っていた外国の投資家たちが、アメリカの資産、特に米国債に投資することに慎重になっているような気がする。海外の銀行は、アメリカ政府の利払いの能力に疑問を持っているのかもしれない。つまり多くの投資家は、今後、現金から金や銀、その他の金属などの有形資産にシフトしていくのではないだろうか。だがこれもまた、ただの予感に過ぎない。9月までにはもっとはっきりしたことがわかるだろう。

投資家が米国債を買わなくなった時どうなるかは誰にもわからない。アメリカはさらに金利を上げざるを得なくなるかもしれず、そうなると住宅価格は一層下落する。だから、不動産市場の状況をにらみつつ、じっと我慢し、財布のヒモを堅くしておこう（もちろん、売り手が特別たちの悪いワニの餌食になっている場合はこの限りではない）。

1年前私は、投資家、なかでもフリッパーたちに対して早く売却するようにと警告を出した。その後、私に攻撃されたと思った方々からお怒りのメールをたくさん頂戴した。彼らは、私が悪いニュースを振りまいていると思った。不動産市場の落ち込みを予言した私の言葉が、実は良いニュース（正確に言えば、本当の投資家にとっては良いニュースで、ワニと格闘しているアマチュア投資家にとっては悪いニュース）であるとは夢にも思わなかったのだ。

（2006年6月13日）

第21回 なぜ投資信託はお粗末な長期投資なのか

1年前のクリスマスパーティーでのことだ。私より10歳くらい年上の男に、どんな投資信託に投資しているかと聞かれた。「していませんよ」と私は答えた。「投資信託にはめったに投資しません。透明性がないからです。手数料もわからないし、投資家への情報開示が義務付けられていない隠れた費用があるのも知っていますからね」

それを聞いて男は、エッグノッグのカクテルでむせ返って窒息しそうになった。彼は、「透明性がないってどういうことかね」と聞き返した。「私の投資信託会社は、毎年報告書を送ってくるけどね」

投資信託について議論など始めてしまっては、せっかくのパーティーも台無しだ。望ましいとはいえない席で情報を提供するかわりに、私がなぜ投資信託に長期投資をしないのかについて読者の皆さんに説明することにしよう。

●**手数料の問題**

ひじょうに多くの人が、さまざまな投資信託に分散して長期運用するのが賢いやり方だと思っている。私に言わせれば、これは投資の手法としては最悪の部類に入る。

投資信託の問題は手数料だ。長期に投資すればするほど、多くの手数料を払う仕組みになっている。以前にも指摘したが、不動産や株式を買ったときに手数料を払うのは1度だけだが、投資信託を買うと、それを保有している間は手数料を払い続けなければならない。

だから、投資信託のリターンは低く、長く保有すればするほど利幅が薄くなる。ほとんどのファイナンシャル・プランナーが投資信託で長期運用することを勧める理由は、投資家が長く保有してくれればそれだけ彼らの収入が増えるからだ。

●投資信託会社はどれだけ儲けるか

では、投資家が長期にわたって投資信託を保有した場合、投資信託会社の儲けはどれくらいになるのだろうか。非常に大きな成功を収めているバンガード・グループの創業者ジョン・ボーグルの言葉が参考になる。テレビ番組『フロントライン』に出演したボーグルは、「401kでは、運用益のうち何％が手数料になるのですか」とインタビュアーに聞かれてこう答えている。「そりゃ、相当なもんですよ。長期運用の例を考えてみましょう。今20歳の人が老後の資金を蓄え始めたとします。この人は定年までに45年あります（20歳から65歳まで）。そして、保険統計表によれば、その後さらに20年間の人生があるわけです。つまり、65年にわたる投資ということですね。この人が最初に1000ドル拠出したとして、年8％の利回りがあるとすれば、その1000ドルは65年後におよそ14万ドルになります」

彼は次のように話を続けた。「しかし、投資システム、この場合は投資信託のシステムですが、これが利回りの2・5％分を取ってしまうので、純利回りは5・5％ということになりますし、最初の1000ドルの投資に対して投資家がもらえるのは3万ドルだけです」

「よく考えてみてください。これは、この投資システムでは、（投資信託の会社が）自らは投資資金をまったく出さず、リスクをまったく取っていないにもかかわらず、運用益の80％近くを手にしているということです。逆に、これだけ長期にわたって投資をし続ける投資家の方は、その資金全部を拠出し、リスクを全部引き受けているのにもかかわらず、運用益の20％しか手に入らないのです。この投資システムは、投資アドバイスや仲介のコスト――その一部は目に見えず、一部ははっきり見えるものですが――こうした費用がかさんで投資家の利益を損なっていると言えます。だからこのシステムは改革する必要があります」とボーグルは語った。

言い換えれば、あなたが長期に投資をすればそれだけ投資信託会社は儲かるということだ。だからこそ、金融機関は長期運用を勧めている。

私もたまに投資信託を買うことがある。しかし、決して長期に保有することはない。

●では、何に投資すべきか

今度、投資の専門家に投資信託に長期投資をしなさいと勧められることがあったら、彼らの手数料が長期的にはどうなるかを聞いてみるといい。おそらく面白い答えが返ってくるだろう……相手がその質問に答えられればの話だが。

はっきりした答えが返ってこない可能性が高いのは、投資の専門家のほとんどは投資信託の手数料や経費がいくらになるか知らないし、また大半の投資信託の会社も、こうした料金を公開するように義務付けられていないからだ。つまり、透明性がないということだ。

あなたが「消極的な」投資家ならば、インデックスファンドへの投資を考えたほうがよいかもしれない。これは、ボーグルの会社バンガードの専門分野だ（この社の専門分野はこれだけではないが）。簡単に言うと、インデックスファンドは（投資信託よりも）手数料が安く、それだけ投資家がより大きな利益を上げるチャンスがある。結局、この利益こそが投資の目的だったはずだ。

インデックスファンドは手数料がより安いので、その分利回りが高くなる可能性はあるが、私はやはり「積極的な」投資家でありたいと思っている。ほとんどのインデックスファンドは、10％〜25％の利回りを出せれば上等だと考えられている。しかし、積極的な投資家は、特に、預金、株式、債券、インデックスファンドや投資信託といった従来の投資を避けるなら、常にこれより高い数字を出すことも可能だ。

ボーグルの言っていることを表にまとめると、投資信託に長期投資したとき、長期的な運用益の配分がどうなっているか、そして誰がリスクを取っているのかが一目瞭然だ。

投資信託会社	投資家
運用益の80%	運用益の20%
資金の0%	資金の100%
リスクの0%	リスクの100%

このような利益の配分が気に入らないのなら、ジョン・ボーグルに相談するか、インデックスファンドを試してみてはどうだろうか。

(2006年6月27日)

第22回 なぜ「価値」が「価格」よりも大事なのか

ウォーレン・バフェットは、株式の「本質的価値」について語っていることで有名だ。この言葉を口まねする者は多いが、その本当の意味をわかっている者はごくわずかだ。

本質的価値がどういうものかを理解できれば、なぜ他の投資家よりも儲けている投資家がいるのかが理解できるようになるかもしれないというのが、この話の良い点だ。もしかしたら、例えば不動産のような、株式以外の投資にも本質的価値を見つけられることに気づく人もいるかもしれない。

●株価の値動きに一喜一憂

平均的な投資家がお金を儲けようとすると、たいていは安く買って高く売ることを考える。たとえば、株式を10ドルで買って、20ドルまで上がったときに（もし、上がったらの話だが）売ろうという投資家がいる。

そのため、大勢の投資家が朝一番に株価をチェックしている。株価が値上がりしていればその日は幸先の良い日で、値下がりしていればツイていない1日というわけだ。そういう投資家の多くは、自分の持っている銘柄の1日の値動きをしょっちゅう見るようになっている。

ウォーレン・バフェットはそんなことはしないし、私もやっていない。もちろん資産の価格は重要だが、毎日見ていなければならないような代物ではない。バフェットが所有しているのは株式というよりむしろビジネスであり、彼が価格に細心の注意を払うのは買うときだけだ。その後は、株価が上がろうが下がろうが、株式市場が取引をやっていようがいまいが気にかけない。

要するに、バフェットは、経営状態が良く、いずれもっと価値が高くなるビジネスを探している。だからこそ彼は、ビジネスの「複合的な」価値や価値の加速についてよく話す。これがビジネスの本質的価値であり、そこに気づいているかどうかが、アマチュア投資家とプロの投資家の1つの分かれ道だ。

●不動産の例で見ると……

本質的価値は、不動産を例にとるほうがわかりやすいかもしれない。

不動産物件を買うときは、私は、バフェットがするように、購入するときだけ価格に注意する。価格がリターンを決めるからだ。だが長期的に気をつけるのは、次のような点だ。

1. **収入（キャッシュフロー）**

ローンの支払いや税金を含めて、すべての支出を支払ったあとに残る、よくプラスのキャッシュフローと呼ばれているものだ。

2. **減価償却（目に見えないキャッシュフロー）**

本当は優遇税制によってもたらされる収入なのだが、費用のように見える。不動産投資に慣れていない人の多くはこれで混乱する。本質的には目に見えない収入だ。

3. **分割返済**

これが収入となるのは、投資家に代わって入居者がローンの支払いをしてくれるからだ。自分の持ち家のローンを支払うのは費用となるが、入居者が投資物件のローンを支払ってくれる場合はキャッシュフローとなる。

4. **価格の上昇**

これは価格の上昇に見えるが、実のところはインフレだ。賃貸物件からの収入が増えれば、ローンの組み替えをして上昇分を非課税の現金として借り出し、新たに借りた分を分割で入居者に支払ってもらうことが可能になる。つまり、これも非課税のキャッシュフローになりうる。

以上の要素が合わさって、適正な価格で購入してきちんと運営されている物件の本質的価値になる。そうしたものが私の投資の目的、つまり、価値とキャッシュフローを増やすという目的を実現してくれている。

●投資 vs. 投機

転売目的で物件を買う投資家は、「フリッパー」と呼ばれているが、彼らは主にキャピタルゲインを狙って投資する。お金を再投資するかわりに手にした利益を使ってしまうと、ふつう高い税率で課税される。私に言わせれば、そういう人は投機家であって投資家ではない。

本物の投資家は、キャッシュフローと価値を高めるために投資する。ウォーレン・バフェットは株を売るのは嫌いだが、それは、株式売却が税金の支払いを引き起こし、彼の富を減らすからだ。バフェットの方程式を知る人は、彼がリターンを政府と分かちあうのではなく、複利で増やしたいと考えていることを知って

④不動産から生まれる4種類の収入

収入
プラスのキャッシュフロー（純利益）
支出
減価償却（目に見えないキャッシュフロー）

資産	負債
評価増（インフレーション）	ローン返済（借家人が返済してくれる）

いる。

●本質的価値に目を光らせよう

目に見えないものを「見る」ことができるように脳を訓練すれば、より良い投資家になれる。それは、株式であれ、債券、投資信託、ビジネス、または不動産であれ、その投資の本当の価値（あるいは価値の欠如）を見る訓練だ。それが本質的価値だ。

前頁の、財務諸表をかなり簡略化した図④が、私の言いたいことをよく表している。

これらの要素が本質的価値を形成する。プロの不動産投資家は物件のなかにそのような要素を探しているが、ほとんどのアマチュア投資家は見逃している。

ウォーレン・バフェットが企業の本質的価値に言及するとき、彼も同じようなことを多く述べている。使っている言葉が違うことがあっても、その考え方は同じだ。

●アマチュア投資家は平均的な利益を上げる

平均的な株式投資家は、平均的な不動産投資家がキャップレート（期待利回り）という言葉を使うのと同じように、株価収益率という言葉を使う。2つとも重要な指標ではあるが、本質的価値の物差しにはほとんどならない。しかも、先に言ったように、プロの投資家が探しているものは「価値」であって「価格」ではない。

結局、平均的な投資家は、儲ける方法を1つしか知らない。それは、安値で買って高値で売るということになる。プロの投資家は、資産をかなりの安値で買い、他の部分からの収益を実現し、永遠に大きく育てていくものだ。

（2006年7月11日）

第23回 偽金ではなく黄金に賭けよう

最近の金相場は、5月中旬に過去26年間の最高値730ドルをつけたあと、100ドル以上、14%以上も急落した。それほど下げたので、私は再び金の買い手となった。

金の価格はさらに下がるだろうか。もちろんだ。1オンス500ドルまで下げたら、さらに買い増すつもりだ。その理由について皆さんにお話ししよう。

その前に少し状況を説明すると、私が金を買い始めたのは1971年のことで、当時のニクソン大統領が金本位制を停止した年だ。それまで、金は1オンス35ドルに固定されていたが、1980年1月には850ドルの高値に達した。同じ時期に、銀は1オンスおよそ40ドルになった。

これを書いている今は、銀は1オンス13ドルくらいになっている。つまり私は、貴金属の価格の変動をずっと見てきた。

●直感を検証する

1996年、私は中国に金採掘会社を、南米に銀採掘会社を設立した。どちらの会社もカナダの証券取引所に上場した。

その年に金と銀の採掘会社を作ったのは、金も銀もそのときが「底値」で、ここから切り上がってくると確信していたからだ。当時、金は1オンス275ドル近辺で、銀が1オンス5ドル近辺だった。見込み違いをしていたら、私は鉱山を失っていたことだろう。

私が金と銀に自信があったのは、金と銀に賭けていたからではない。そうではなく、ドルと石油が勝たないほうに賭けていたからだ。1996年、石油は1バレルおよそ10ドルで、安値だと思われた。私は、ドルが高すぎるのではないかと疑っていて、石油が値上がりすればドル安になるだろうと思った。市場に大きな変化が起こる材料はそろっていると感じた。これまでのところ、私はかなり正確に当てている。

こうした状態は今も変わっていないだろう。財政赤字と貿易赤字があり、イラクで今も戦闘が続いているので、ドルはますます弱くなり、石油はますます高くなっている。だから最近、金と銀を買い増したのだ。私は今もドルと石油が勝たないほうに賭けている。

●インフレか景気後退か

いろんな意味で、状況は今のほうが1996年のときよりはるかに悪い。現在、ドルの需要が鈍化している。一方、連邦準備銀行はドルの供給を増やしているようだ。

ご存知の通り、どんなものでも需要が少なく供給が多ければ価格は下落するし、ドルも例外ではない。ドルの購買力を守るために、ベン・バーナンキ連邦準備制度理事会（FRB）議長は、実質金利の引き上げを迫られるかもしれない。ここで言う「実質」は、インフレ率を上回る金利という意味だ。（例えば、インフレ率が5％で金利が5％なら、実質金利は0％だ。だからこの場合、ドルの需要を増やすためには、FRBは金利を5％以上、例えば8％といったところまで引き上げなければならなくなる。そうすれば、投資家は元金に対して3％の純益が得られる。）

だから、バーナンキ議長は苦渋の選択を迫られている。ドルを強くするためにもっと紙幣を刷れば、インフレが進んでドルは破綻するかもしれない。インフレを緩和するために金利を引き上げれば、景気後退が起こるかもしれない。

●石油の問題

こうした状況下で、バーナンキ議長がドルを救うために金利の引き上げを行えば、金や銀の価格もおそらく下落するだろう……だが景気も道連れにする。景気後退が始まると、たいていは株式市場も鈍化するか下げに向かう。

個人的な意見だが、バーナンキ議長はインフレよりもデフレを恐れているのではないかと思う。だから今のところ、彼が引き続きドルの供給を増やすほうに賭けているが、それもあって2006年3月に通貨供給量（M3、マネーサプライ）の発表が取り止めになったのかもしれない。（M3は、ドルの流通量を示すもので、それを報告しないということは、クレジットカードの明細書を見ようともしないで、借金がないふりをするのに等しい。）

これに、石油の問題が追い討ちをかける。石油産出国は、購買力が落ち続けているドルを受け取るのを、ますます嫌がるようになっているようだ。その原因は、アメリカが紙幣の印刷を増やしているからに他ならない。

さらに問題を悪化させているのは、生産しやすい原油が枯渇する運命にあることだ。抽出される石油はまだ大量に残ってはいるものの、生産コストが上がり、そのため将来、価格が1バレル100ドルになることも十分考えられる。そして、そうなればインフレが起こりやすくなる。

歴史的に見ると、これまで石油1バレルには金2・2グラムの価値があった。ドルの価値が下がっても、金と石油1バレルの価値の比率はほとんど変わらなかった。ところが最近、石油1バレルを買うのに金3・4グラムが要るようになった。これは、石油が高くなったか、または金が安くなったことを意味している。

私は、金が安くなっていると考えていて、石油が値上がりすると調整が入って、ロシアやベネズエラ、アラブ諸国、アフリカといった国々が、ますます米国ドルを受け取るのを渋り始めるだろうと踏んでいる。これまで私たちは、外国からの物やサービスの対価を偽金で支払うことを許されてきたが、世界はますますドルを受け取らなくなりそうだ。

●本物のお金に賭けよう

新しいFRB議長は私たちをどちらへ導くだろうか。行き先がインフレなら、もっと紙幣を刷ることになるし、デフレなら金利を引き上げて金融の引き締めをすることになる。彼は、ドルと景気のどちらを救うのだろうか。ドルの供給を増やすのか、それともドルの需要を増やすのか。

私の長年の戦略は変わっていない。本物のお金である金と銀に賭けている。また、偽金を借りて不動産を買い続けている。石油とガスは世界的に高い需要があり、価格の上昇が見込まれるので、石油とガスの生産にも投資している。

だが私が本当に賭けているのはそのような資産ではない。基本的に、ドルと米国経済を運営している指導者たちが負けるほうに賭けている。

私が、金や銀を、いまの景気のもとで価格が下がるたびに買い増している理由が、皆さんにもおわかりいただけたことだろう。賢明な投資家は、本物のお金を買うためなら喜んで偽金を使うに決まっている。

（2006年7月25日）

第24回 怠け者では金持ちになれない

適切な表現とは言えないかもしれないが、人が金持ちになれない最大の理由は怠け者だからだ。これは全く私個人の意見で、他の誰かの受け売りではないし、何の科学的根拠もない。

なぜ急にそんなことを言うのかって？ その訳を話そう。

●一番良い言い方とは？

米国海兵隊にいたときに一番良かったことの1つは、他人がどう思うかなどということを一切考えなくてすんだことだ。士官になるために勉強していたときは、思いやりをもつための訓練などなかった。上官が部下に話すときは、言葉を包装紙やリボンで飾り立てたりはしなかったし、相手の気持ちがどう傷つこうが全くお構いなしだった。

実際、兵士が本当に強靭かどうかを試すために、わざわざ感情を傷つけるような真似をすることが多かった。

戦争から戻ってきてビジネスという文明社会に身を投じた私は、まやかしや隠れた敵意（思いやりという仮面を被っている）、偽りの笑顔がはびこっているという事実にショックを受けた。状況は今でも変わっていない。海兵隊員から転身してかれこれ30年になるが、そういうものにはいまだに慣れない。

今でも私は、社員に不満な点をぶちまけるのをためらう。訴えられやしないかと思うからだ。また、きれいな女性をほめるのを遠慮するのは、セクハラだと非難されるのがこわいからだ。

しかし、嬉しいことに状況は変わりつつある。私が子供の頃からあった仲良し家族の幻想を描いたホームドラマが、今では現実を直視したリアリティーテレビ番組にとって代わられている。今は、ビル・マーハーやジョン・スチュワートといったコメンテーターたちが、ユーモアの名を借りて政治家たちを非難する時代だ。

そして、不動産王ドナルド・トランプが、研修候補生に向かって「お前はクビだ！」と言うのを聞きたいがために、世界中の何百万という人々が、テレビの超人気リアリティー番組『ジ・アプレンティス』（研修生）を見ている。もちろん、オーディション番組『アメリカン・アイドル』で辛らつな批評家として有名なサイモン・コーウェルもいる。酷評を並べた彼の本は、最近私も買いたいという誘惑にかられた。

●正直な評価

このようにあからさまに率直な人がいると――なかにはわざとらしい人もいるが――私も、自分の好きな話題、つまり、金持ちになること、そして金持ちになれそうな人というテーマについて、もっと正直に話そうという気分になる。

私の本を読み続けてくれている皆さんは、私がどのようにしてお金を儲けたかをご存知のはずだ。第1に、私は起業家だ。子供の頃から会社を起こしてきた。雇われの身には絶対になりたくなかった。いつも、物事を自分でコントロールできる立場にいたいと思っていた。私に似た誰かに、あれこれと指図されたくなかった。結果として、いま私には、会社や代理店、戦略的パートナーが世界中にいる。

第2に、私は不動産が大好きだ。不動産はこの世で最高の投資だと思っているし、それを証明できる。お金を貸したいという銀行マンが列をなして並ぶような投資が他にあるだろうか。株式や債券、投資信託を買うのに、銀行は何百万ドルものお金を何年にもわたって貸してくれたりはしない。他の投資には損害保険もつかない。投資信託や401kに保険がつくはずがない。

第3に、私は石油やガスなどの商品《コモディティ》が大好きだ。なぜかって？ 供給は足らないのに大きな需要があるからだ。石油やガスをめぐる戦争がもう何年も続いている。イラクの戦争は何のためだろうか。

最後に、私はもう何年も金と銀を買い続けている。米国政府が上手なお金の管理をしているとは思っていないからだ。知っている人もいると思うが、ブッシュ政権は、6年間に総額1兆ドルを超える偽金を印刷したが、これは過去の米国大統領が印刷したお札の額を全部足した額をも上回っている。

金や銀をめぐる戦争も起こっている。インカ人がスペイン人に帝国を奪われ、アメリカ先住民がヨーロッパからの移住者に土地を奪われたのはなぜだろうか。征服者は神の名のもとに行動していると言っていたかもしれないが、「神（God）」と「黄金（gold）」は紙一重で、その間には、文字1文字（L）分の違いしかない。

●「適切な表現」はもうたくさんだ

最近、率直な発言をする人がとみに増えているので、私もだいたいにおいて、「適切な発言」よりも「正直な発言」を心がけようという気になっている。このコラムが連載されているインターネット上では、正直さは尊敬されこそすれ、抑圧されたり、検閲されたり、従来の形態のメディアのように「神経を使う」必要があったりするものではない。

今、これを読んでいるあなたも、金持ちになりたいと真剣に思っていなければ私のコラムを読むことなどないはずだ。だから私は、あなたのためにも真実を語る義務がある。

そこで今回は、不動産や起業、金や銀、石油、ガスのことばかりではなく、若干、適切な表現を欠くかもしれないが、金持ちになるというテーマについて私の思うところを率直に話してみることにしたのだ。

●Lのつく言葉

冒頭で私は、人が金持ちになれない最大の理由は怠け者だからだと書いた。また、「神（God）」と「黄金（gold）」の違いは「L」だけだとも書いた。「lazy（怠けている）」「looting（略奪）」にも「L」の文字がついている。インカ帝国を略奪（loot）した征服者たちは怠けて（lazy）はいなかった。銃を持った悪漢だったが野望があった。

Lで始まるもう1つの言葉は「loser」（負け犬）だ。長年の間、私は、我らに黄金をおあたえくださいと神に祈る負け犬を大勢見てきた。彼らの望みがかなうことは永久にないだろう。私の行っていた日曜学校で教えていたように、神は自らを助けるものを助けるからだ。前出の征服者たちは人殺しで盗人だったかもしれないが、少なくとも彼らは、自分たちを助けるにはどうすればよいかを知っていた。

私も自らを助ける方法を知っている。ご存知の方もあると思うが、私は裕福な家の出身ではない。そして私は、自分の起業家としての失敗や、投資家としての損失について、包み隠さず書いてきた。恐ろしい体験も隠したりしない。そういうことを隠さないのは、失敗が人生で最高の学習体験になっているからだ。私たちは皆、間違いを犯す。だが、学校では、間違いを犯すと罰を与えられる。学校の先生のほとんどが金持ちでないのはそのせいかもしれないが……。

私は決して、野心を持った略奪者になれと皆さんに勧めているわけではない。私が言いたかったのは、あなたが、怠け者の負け犬でなければ、略奪などという手段に訴えなくても、もっと裕福になれるかもしれないということだけだ。

（2006年8月8日）

人が金持ちになれない第1の理由が怠け者であることなら、第2の理由はよこしまな心を持っているからだ。心がよこしまでも金持ちになれないわけではないが……。

それはともかく、政府は各種の給付金制度をやめて税金を節約すべきだろうか。貧しい人や欲の深い人にお金を与えれば、そういう人が減るだろうか。それとも、そういう人たちをますます増やしてしまうだけだろうか。

●偉大なる精霊、偉大なる富

読んでいて多分おわかりいただけると思うが、前回と同様、私は自分の偏った見方で書いている。ご意見もいろいろいただいているので、次回以降にコメントしていきたいと思っている。

今回は、聖書をひもといてひらめいたことをお話ししよう。お金も宗教も物議をかもしやすい話題なので、ここで私の宗教観をはっきりさせておく。私は、「神」をわかりやすくとらえるものとして、ネイティブアメリカンの言ういわゆる「偉大なる精霊」という言葉が好きだ。

また私は、どんな宗教であっても狂信的な信者は好きではないが、信教の自由は支持している。それから、神の存在を信じない自由もあってしかるべきだろう。

富についての私の考え方は、コラムを読み続けてくださっている皆さんは、もう十分ご存知のはずだ。

●豊かになるための才能

私は聖書にそれほど詳しいわけではないが、新約聖書のマタイ伝の一節から、よこしまな心と富の欠如について話そう。私の解釈が間違っていたり、皆さんの解釈とは違ったりしても、私には神を代弁するつもりもなければ悪気もないことをわかってほしい。

聖書のその一節にはたとえ話がある。ある男が旅に出ることになり、出発するときに召使の1人に5タラント（タラントは通貨の単位）、もう1人に2タラント、3人目の召使には1タラント預けた。この主人が戻ってきたとき、最初の召使はお金を2倍に増やしており、主人に10タラントを差し出した。

2人目の召使も主人のお金を2倍に増やしており、4タラントを渡した。主人はそれぞれの召使に向かってこう言った。「良き忠実な召使よ、よくやった。お前たちはわずかなものにも忠実だった。お前たちに多くのものをまかせよう。主人の喜びを共に喜んでくれ」

3人目の召使は主人のことをとても恐れていたので、お金を増やすかわりに預かった1タラントを土の中に埋めておいた。主人はこの召使に向かって言った。「よこしまな心の不精な召使よ。私が種もまかない土地から刈り取り、種を散らさなかった所から収穫する人間だと知っていただと？　ならばお前は私のお金を銀行に預けておくべきだった。そうすれば、私は自分のお金を利息と共に受け取ることができただろうに」

そして主人は、この召使の1タラントを取り上げ、5タラントを10タラントにした召使に与えた。このたとえ話は、次のような言葉で終わっている。「持っている者は誰でも多くのものを与えられ、豊かになるだろう。しかし、持たない者は持っているものさえ取り上げられてしまうだろう」

●悪しき者は、悪しき行いをする者

このたとえ話の要点を私の偏った見方で解釈すると、貧しき者は心がよこしまで不精だ、つまり心根が悪く怠け者だということになる。この一節で私が好きなのは、「主人の喜びを共に喜んでくれ」というくだりだ。主人が「神」を意味するなら、お金を儲けて豊かになることは神の喜ぶところであり、そのおかげでますます豊かになるということだ。それが「神」は貧しき者を好まないという意味になってもしかたがない。

これは、社会主義者や宗教的指導者、実際に貧しい人たちからよく聞かされる話とは相容れない考え方だ。私は多くの人に会うが、悪いのは金持ちだ、お金は諸悪の根源だ、金持ちは天国に行けないと信じている人が大勢いる。しかし、「タラントのたとえ話」が言いたいのはそういうことではない。私の解釈だと、貧しき者は心根の悪い怠け者だということだ。別の解釈をしている人もいるかもしれないが……。

このたとえ話は、給付金制度や政府のセーフティネットプログラムの問題を思い起こさせる。私には、この話が、政府の社会保障制度はよこしまな心の不精な人々を支援し、そういう人たちをさらに増やしているので悪だと言っているように思える。

政府は貧しい人を増やしているだけではない。私たちみんなが知っているように、政府の腐敗した慣習の最たるものは、金持ちが自分の企業や特別な利益団体、政治団体にもっと政府の援助をもらおうとすることに原因がある。

それでつかまるのは頭のあまりよくない政治家だけだと、私たちにはわかっている。最もよこしまな心の（そして最も有名な）政治家の何人かは、政権の重要な地位にいる。その多くは、教会や、礼拝を兼ねた朝食会ですまして写真撮影に応じたりしているような連中だ。

貧しい人たちからよく聞かされる役に立たない意見の1つは、「お金は人を幸せにしない」というものだ。皆さんがどう思うかは知らないが、私はお金がたっぷりあったほうがずっと幸せだ。

神様も同じ考えだ。神は、裕福なあなたと貧乏なあなたのどちらを喜ぶだろうか。その答えはあなたが自分で導き出さなければならないだろう。私の答えはもうご存知だろうけれど……。

（2006年8月22日）

「適切な発言」とは、正確なことを言うことではなく、礼儀正しい物言いをすることだ。私は正確な発言をしたい。

だから、前回、前々回に続いて今回も、不適切な発言に聞こえるかもしれないが、人が金持ちになれない理由について説明しよう。

それには、これまで取り上げたものに加えて、さらに3つの「L」で始まる言葉が関係している。覚えていることと思うが、たった1つの文字「L」が「神（God）」と「黄金（gold）」とを隔てているが、この「L」は、「怠け者（lazy）」「略奪（looting）」「負け犬（loser）」の「L」でもある。

●太っちょのうそつき達

最初の「L」は「嘘つき（liar）」の「L」だ。金持ちでない人が多いのは、彼らが嘘つきだからだ。たとえば、皆が自分に対してついている投資に関する嘘に、「投資は危険だ」というのがある。危険なのは、投資に関して無能であることだ。

投資家として怠け者であることも危険なことだし、投資家ではなくセールスパーソンであるファイナンシャル・アドバイザーにお金を預けることも同じことだ。

投資について自分に嘘をついている人は、自分の肥満を遺伝のせいにする太りすぎの人と同じだ。ある晩テレビを見ていたら、体重が1050ポンド（約476キロ）を超えてしまった男が登場した。1トンのほぼ半分だ。彼は、子供のときは自分が太っているのは乳児脂肪のせいだと信じていた。ハイスクール時代は、自分は「骨が太いから」と言っていた。その後は、体重増加は結婚したからだと言い訳していた。

胃を縮める手術をした後でさえ、彼は肥満を何かしら他のもののせいにしていた。番組の見せ場は、（肥満の原因について）彼と議論したり反論したりすることではなかった。それどころか、彼が甘ったるいコーラを何ガロンもがぶ飲みするところや、揚げ物やピザをがつがつ食べるところを流したのだ。

●非は我にあり

お金の話でこうして体重のことを話しているのは、私もまた嘘つきだったからだ。私も、自分の太りすぎを遺伝や家族、妻のせいにしていたし、鏡に映る自分の哀れな容姿を慰めるのに役立つような、ありとあらゆる嘘をついた。

胃を縮める手術をしようと考えたのはそう遠い昔のことではない。手術をするほどには太っていないと主治医から聞かされたとき、私は、あと１００ポンド太って手術してもらえる体重になろうと考えたほどだ。幸いなことに、その後私は自制心を身につけ、食生活を改善し、運動を始めた。

お金についても、私は嘘をついていた。両親が金持ちだったら、金持ちになるのに自分でこんなに苦労しなくてもすむのにと何度思ったことだろう。誰かが私の才能を認めて私にふさわしいチャンスを与えてくれたらと、どれだけ願ったことだろう。投資の損失やビジネスの失敗を他人のせいにしたこともたびたびあった。宝くじを買ったことさえある（「宝くじ（lottery）」も「L」で始まっている）。

だから私は、自分が「神（God）」と「黄金（gold）」を隔てる1文字「L」で始まる言葉を克服した存在だなどと言うつもりはない。私にも、大多数の人と同じくらい、怠けたり、人から奪ったり、負け犬になったり、嘘をついたりするという非がある。私も、そういう自分の性格的な欠点に毎日向かい合っている。

●責任のなすりあい

今回の「不適切な発言」リストにある「L」で始まる次の2つの言葉は、「お粗末な（lousy）」と「リーダー（leader）」だ。経営者がつく最大の嘘に、「良い従業員はなかなか見つからない」というのがある。言い換えれば、従業員を悪者にして自分のお粗末な指導力について嘘をついているのだ。

私は、多くのビジネスオーナーがそう言っているのを聞いてきたし、医師や弁護士、会計士といった専門家が、「今は昔とはちがう。昔の若者は、成功している年配の専門家のためなら喜んで働いたものだ」と言うのも聞いている。責任のなすりあいが横行している。

軍隊で士官になる訓練を受けていたとき、繰り返し叩き込まれた最も重要な教えに、「ダメな兵士はいない、いるのはダメなリーダーだけだ」というのがあった。イラクの戦争に目を向ければ、この言葉が真実であることがわかるだろう。

より良い投資家になる最良の方法は、「投資が問題だ」という責任のなすりつけをやめることだ。つまり、「投資は危険だ」と言うのをやめる。そして、ビジネスを成長させる最良の方法は、従業員や景気、競合他社に問題の責任を転嫁しないことだ。自分以外の誰かや、自分より大きい何かに責任を押し付けているかぎり、問題は解決されない。

●負け犬の証明

そのことを証明するかのように、ある晩、私の本のサイン会に負け犬がやってきて私にこう言った。

「あなたのアドバイスの通りにセールスの仕事に就いたんです」

「それは良かったね」

「ええ、でも辞めました」

「どうして？」

「だって、上司を金持ちにするために働きたくなんかなかったんです」彼は弱々しい口調でそう言った。

私はほとんどキレかかった。声を荒げ、この負け犬君に向かってこう言った。「誰か他の人を金持ちにしないで、どうやって金持ちになるつもりなんだい？　そもそも君は、何か売ることはできたの？」

「いいえ」と彼は言った。「売れませんでした。売ることができなかったのは、上司が嫌いだったからです。彼のせいで売れなかったんです」

私はこう言い返した。「自分にセールスができなかったことの言い訳に上司を使ってはいけないよ。君は性格をすっかり変えたほうがいいね。まるで負け犬みたいに振舞っている。負け犬から物を買いたいなんて誰も思わないよ。それに、君が他の人たちを金持ちにしてあげようと思わないなら、誰が君を金持ちにしてあげようと思う？　目を覚ましなさい！」

●投資信託は負け犬のためのもの

現在、何百万という労働者が、失業するのではないか、株式市場で損をするのではないかと心配している。彼らは永遠に引退できないかもしれない。

「一生懸命働いてお金を貯め、借金から抜け出し、投資信託に長期投資・分散投資をしなさい」と勧める「投資とアドバイスの第一人者」たちの犠牲者になっている人もいる。このアドバイスは、勝つために投資ゲームをプレーする人のためのものだろうか、それともただ負けないためにプレーする人のためのものだろうか。もう一度言わせてほしい。「目を覚ましなさい！」

投資信託の実績を見れば、勝ったのは誰か、セールスの人がなぜ長期投資をするようにと勧めるのかがわかるだろう。40年以上にわたり、ほとんどの投資信託会社は、収益のほぼ80％を保有し続けるが、投資家が受け取るのは20％と微々たるものだ。しかも投資家は、元手を１００％提供し、リスクを１００％負う。

●黄金をつかめ

私が好きな2つの話は、錬金術師、つまり鉛を黄金に変える方法を研究していた初期の科学者たちの話と、触るものを何でも黄金に変える能力を持つという伝説のフリジアのミダス王の話だ。

私は、私たちが皆、錬金術師になったり、自分の「ミダス王の手」の能力を開発したりする力を持っていると心の底から信じている。自分に嘘をつくことをやめ、自分の問題の責任を他人に転嫁するダメなリーダーであることをやめさえすればいいのだ。

（2006年9月5日）

第27回 金持ちだけが生き延びる

この6月、私はニューヨーク商品取引所（NYMEX）を訪れた。友人でプロの商品トレーダーであるスティーブン・スピバックに招かれたのだ。

NYMEXのことをよく知らない人のために説明しておくと、ここは、オレンジジュース、豚ばら肉、金、原油、天然ガス、銅、銀などといった商品《コモディティ》が売買される取引所だ（エディ・マーフィーの映画「大逆転」（Trading Places）はここが主な舞台となっている）。ニューヨーク証券取引所（NYSE）では主に株式が取引されるが、NYMEXでは商品が取引される。

●ベルが鳴っている

嬉しい驚きだったが、私は、金と原油の取引開始のベルを鳴らすように頼まれた。この2つの商品にはずいぶん投資している。私がベルを鳴らしたとたん、取引所は蜂の巣をつついたような騒ぎになった。スティーブンのようなトレーダーたちが商品先物やプットオプション、コールオプションを猛烈なスピードで売買していた。

スティーブンには、相場が上がろうが下がろうが関係なかった。彼は、金と原油の立会場を行ったり来たりしながら慌ただしく売り買いした。そして、1時間もしないうちに7万ドルを超える利益を稼ぎ出した。20代の若者にしては悪くない額だろう。

その間、私はNYMEXの職員の隣に立っていた。彼に、何が行われているかわかっているかいと聞いてみた。職員はこう答えた。「いいえ。ここで19年働いていますが、わざわざ知ろうと思ったことはありません。自分の仕事が好きですし、彼らのように毎日大きなプレッシャーを感じながら働くのはごめんです」聞いてはみなかったが、彼の年収は7万ドルあればいいほうだろうと思った。

●走れ、歩くな

私の若い友人スティーブンと、明らかに収入の低い年配の職員を比較しているのは、アメリカにおける個人間の収入力格差について説明するためだ。何百万という数のアメリカ人が、経済的な敗者となりつつある。

数日後、フェニックスに車で帰る途中のこと、2人のひどく太った若者が赤信号を無視して横断歩道を渡っているのに出くわし、車を一旦停止させなければならなくなった。彼らは急ぐ様子もなく、私の方を見たが、その目は、「こっちは横断歩道を渡っているんだ。俺たちには権利がある。お前のような気の短いドライバーから政府が守ってくれているんだからな」と言っているようだった。

私は、彼らが巨大なおしりを揺さぶりながらのろのろと歩いていくのを眺めながら、NYMEXで見た取引の光景を思い出していた。そして、富を創造するスピードは千差万別であることに思いを巡らせた。

●おとぎの国に住んでいる何も知らない人たち

この話は、いささか適切な表現を欠く今回のコラムのテーマに通じる。それは、ほとんどのアメリカ人はおとぎの国に住んでいるということだ。

彼らは、マネーの世界で起こっていることについては何もわかっていないのに、アメリカは世界一金持ちの国だと信じている。実際には、アメリカは世界一の借金大国だ。

また、ほとんどのアメリカ人は政府が自分たちを守ってくれるといまだに信じている。世界は恐ろしいスピードで変化しているのに、彼らの大多数は、たとえて言うなら、横断歩道をのろのろと渡ろうとしている。

そして、この国は先に道を横切る特別な権利を持っていて、その政治体制は健全であると信じ込んでいる。

2か月ほどで中間選挙が行われる。この選挙について一般の関心は、民主党と共和党のどっちが勝つかということだろう。しかし、本当に問うべきことは、それで何かが変わるのかということだ。どちらの党が勝利しても、金持ちがルールを決めることに変わりはない。

●自業自得

トーマス・フランクが書いた「What's the Matter with Kansas?: How Conservatives Won the Heart of America（カンザス問題：保守主義に取り憑かれたアメリカ）」という本を、ぜひ一読されることを勧めるが、その中に、またウォール街で働きたいから共和党に投票したという貧乏な男が登場する。

これは、多くの人々はあまり利口でないと常々思っていた私にとっても驚きだ。有名な文句を借用すれば、共和党に投票する貧乏人は、カーネル・サンダースに投票する鶏《チキン》のようなものだということになる。

最近、米議会は大いに働いて、英語をアメリカ合衆国の公用語にする法案を通した。また、アメリカ国旗を燃やすことを違法にする法案も、努力の末に、成立させた。私は、英語を話すことや国旗を燃やさないことに賛成だ。しかし、我が国の政治指導者たちは、もっと重要で切迫した問題があることを知らないのだろうか。

例えば、赤字の高齢者医療保険《メディケア》はどうだろう。あるいは、間もなく赤字になる社会保障制度はどうするのか。この2つの制度がどれほど深刻な状態になっているかを知らない人のために言っておくと、2004年現在、メディケアの長期的な資金不足額は60兆ドルを超えており、社会保障も10兆ドルもの不足になっていると報じられている。

こうした深刻な財政問題にもかかわらず、何百万人ものアメリカ人が人生の横断歩道をのろのろと横切っている。彼らは、自ら富を築く代わりに、政府が面倒を見てくれると思っている。おとぎの国に住んでいるのだ。

●来たるべき大惨事

ドナルド・トランプと私の共著が10月に出版される。アメリカが抱える重大問題に対応するのに、個々人に何ができるかについて書いている。政府を変えるのも悪くはないが、この時期にそれを目指すのは現実的ではないように我々には思える。

政府を変えるかわりに、自分を変え、行く手に待ち受ける経済混乱に備えたらどうだろうか。政治活動によってアメリカを救うことができると考えるなら、残念ながらそれは夢だと私は思う。あの横断歩道を、空想にふけりながらのろのろと横切るのに等しい。

これからの5年間、アメリカと世界は、経済的には未曾有の混乱の時期に見舞われるだろう。金持ちはますます金持ちになり、無防備な人は経済の氷山に突っ込むタイタニック号に取り残されることになる。

来たるべき変化に対処するために自分自身に問いかけてみよう。自分は、スティーブン・スピバックのように、次々と取引をこなして1時間に7万ドルを稼ぐ人になりたいのか、それとも、NYMEXで19年間働いてきたあの男性のように、年にせいぜい7万ドル稼いで満足する人になりたいのか、と。価値が下落しているドルのために働いているのは2人とも同じだが、一方はドルの目減りを補って余りある収入を稼ぎだしている。

すべての人に両方の道が示されている。どちらの現実を選ぶか、つまり、どれだけの収入をどれだけの時間で稼げるかを決めることによって、事態が困難になり始めるこれから5年のあいだの、あなたの位置が決まる。

（2006年9月19日）

第28回 プロの投資術を学ぼう

もう何年も前、私が不動産投資を始めた頃の話だが、ワイキキのあるマンションに投資しようと考えたことがある。

問題は、その投資をすると毎月300ドルほどの支払いをしなければならないことだった。

●意味のある取引

当時、毎月300ドル損することは、今でいうと毎月30万ドルも損を出すようなものだった。金持ち父さんに数字を見てもらうと、彼は私にこう聞いた。

「きみはなぜ月に300ドル損をしたいんだい?」

金持ち父さんが知りたかったのは、私がなぜこんな投資をしたがっているかということだった。

「このマンションは値上がりすると不動産業者が言っているし、そうすれば利益が出るからです」と私は答えた。

金持ち父さんはクスクス笑って言った。「君は毎月300ドルかかるマンションをいくつ持てるのかな」

「でも、多分この物件は値上がりするだろうし、売れば元が取れるはずです」

「そうかも知れないね。でも私の質問に答えていない」と金持ち父さんは言った。「毎月300ドルかかる投資物件を君はいくつ持てるのかい?」

その頃の私の税引き後の月収は2000ドルほどで、支出は1800ドルくらいだったので、正直なところ、毎月300ドルかかるマンション投資は、たとえ将来値上がりするとしても、1件でも無理だった。私は、「たった1つでも無理です」と力なく答えるしかなかった。

金持ち父さんはにっこりしてこう言った。「私がずっと教えてきたことを思い出すんだ。愚かな人は投資で損をする。損をするのにファイナンシャル・インテリジェンスは大して必要ないんだ」

●見込みのない投資

このアドバイスはやさしいことに聞こえるかもしれない。しかしよく考えてみると、何百万もの人々が汗水垂らして稼いだお金を使って、ほとんど何も利益を生まないような投資をしている。つまり、彼らの投資はお金を生まず、むしろお金がかかるということだ。

例えば、何百万人もの労働者が、いつか十分な老後の蓄えができることを期待しながら、401kプランに積み立てている。また、何百万もの人々が、銀行預金やタンス預金の形で多少の蓄えをしているが、そのお金に対してほとんど何も受け取っていない。彼らは皆、投資をしてお金を受け取る代わりに、投資をするためにお金を払っている。

金持ち父さんが私の頭にたたき込もうとした教え、そして私があなたの頭にたたき込もうとしている教えは、投資は、毎月自分をより貧しくするのではなく、より金持ちにするのでなければ意味がないということだ。毎月私のポケットからお金を取っていくのではなく、お金を入れてくれるのでなければ意味がない。これほど多くの金融機関の営業マンたちが、お金に関して知識の乏しい人たちに、投資のためにお金を払うことは賢いことだと思わせることに成功しているのは、金持ち父さんにとっては一種の奇跡だった。

金持ち父さんはみんなに、もっとしっかり研究してよりよい投資を見つけてほしいと思っていた。つまり、素人投資家ではなく、プロの投資家になってほしいと思っていた。私に向かって、「毎月300ドルかかる投資物件をいくつ持てるか」と聞いたとき、金持ち父さんは、「毎月300ドルを稼いでくれる投資物件をいくつ持てるか」という問いも投げかけていた。その答えはもちろん、「見つけられるだけ全部」ということになる。

●お金の稼ぎ方を学ぶ

この考え方に違和感があるという人も心配することはない。さっきも言った通り、金持ち父さんがこのことを私の頭にたたき込んだときも、何度も繰り返して教える必要があった。

一見すばらしい投資に見えながら、お金を稼いでくれるのではなくお金を取っていくような投資物件について、彼に何度相談したことだろう。彼はすでに亡くなっているが、投資物件を検討する時は必ず、お金がかかる投資なのか、お金を稼ぐ投資なのかを見極めろと言っていた彼の声がいまだに耳に残っている。すばらしいことに、ひとたびこの教えを理解し、お金を稼いでくれる投資を見つけられるようになると、人生は一変する。私の考えでは、この違いを把握しているかどうかが、金持ちとそれ以外の人との最も大きな違いの1つだ。

この教えを学ばないと、金融機関の営業マンの言葉巧みな売り込みにだまされることになる。彼らは、「明日のための投資」とか「明るい未来のために今少しずつ貯める」とかいった考えが賢明なものであると人々に信じさせようとする。

私の本の読者ならば、私が基本的にキャピタルゲインではなくキャッシュフローのために投資しているということをご存知だろう。ほとんどの人がキャピタルゲインのために投資する。彼らは、株や投資信託や不動産を買って値上がりを待つ。でも、私はそんなことはしない。たまにキャピタルゲイン狙いの投資をすることはあるが、キャッシュフローのための投資のほうが好きだ。

こう言うと、キャッシュフローのための投資を探すほうが難しいという声が聞こえてくる。確かにそのとおりだ。だから、ほとんどの投資家はキャピタルゲインを求める。また、だからこそ、ほとんどの営業マンが、お金に関する知識の乏しい人たちに、今日金持ちになるのではなく将来金持ちになれることを約束して投資させようとするのだ。

●プロと無知な人の違い

皆さんのなかには「今すぐお金になる投資と言うが、そんな投資を一体どうやって見つけるのか」と思っている人もいるだろう。そういう質問をする人がどれほどもどかしい思いをしているのか、私自身にも経験があるのでよくわかる。

私にできるのは、「今すぐお金になる投資をどうやって見つけるか」と自分自身に問い続けるようにと勧めることだけだ。私もそうしたし、今も続けている。もう一度言おう。お金のかかる投資とお金を生み出す投資の違いを知っているかどうかが、成功した投資家と無知な投資家の違いだ。

このことはビジネスにもあてはまる。いつも驚くのだが、ビジネスで儲けるにはまず損をしなければならないと思い込んでいる人が多い。

最近私は、自分のビジネスのうち1つの経営陣を全員解雇した。彼らが損ばかり出していたので仕方がなかった。なぜ事業がうまくいっていないかを聞いても、彼らの多くはその愚かな思い込みを繰り返すばかりだった。だから彼らをクビにして、お金の儲け方を心得ている人間を採用した。

●価値あることは難しい

私は金持ち父さんの教えの一例として、しばしば妻のキムの例を引き合いに出すが、彼女が生まれて初めて投資した物件の純益は月に25ドルだった。ちなみに投資したのはベッドルーム2部屋バスルーム1つの一戸建てだった。儲かる投資だけを見るようになるまでに、彼女には多くの時間と勉強、そして自制心と努力が必要だった。

しかしキムは、儲かる投資を見つけるコツを会得すると、ごく一握りの人しか知らない世界の一員になった。そして今では毎月何万ドルものお金を稼ぎだしている。

すぐにお金になる投資が簡単に見つかると言っているのではない。よく言われるように、それほど簡単ならみんながやっている。一方で、誰でも知っているように、損をする投資やお金がかかる投資は簡単に見つかる。だから、今日の儲けのためではなく明日の儲けのために投資する人がこれほど多いのだ。

とにかく探し続けることだ。そして、プロのように投資できるよう自分を訓練しよう……金持ち父さんなら、きっとあなたにそうアドバイスしたことだろう。

（2006年10月3日）

第29回 ドルの落日

1966年、私は、貨物船で太平洋を旅していた。私は19歳で、ニューヨーク州キングスポイントにあるアメリカ合衆国商船アカデミーの学生だった。

この学校の教育の一環として、私は1年間、貨物船、客船、石油タンカー、さらにはタグボートにまで学生船員として乗船し、実習訓練を受けた。世界を自分の目で見て学べるすばらしい体験だった。

●外国為替を学ぶ

船の上で最初に学んだことの1つは通貨の為替レートだった。通貨価値論というのは商船大学の学科にはなかったが、私の乗った船はいつも国から国へと旅していたので、現在ではフォレックス（FX）、あるいは外国為替と呼ばれているものについて自然に学ぶようになった。

当時、銀行の公式の円ドル交換レートは1ドル360円だった。だが、香港のヤミ市場では1ドル366円で交換できた。

このことから、私は、銀行や国家が通貨を使ってやっているゲームに気づいた。1966年、為替レートの6円の差のおかげで、日本が香港から、売る以上に多くのものを買っていることがわかった。当時まだ英国領だった香港では円が安かったからだ。

6円の違いなどたいしたものではないと思われるかもしれないが、月に105ドルしか収入のない学生にとっては、少しの違いもおろそかにできない。だから私は、船が香港に到着するのを待ってドルを円に換えた。その後日本に戻り、その円で買い物をしたものだった。大きな金額を節約できたわけではなかったが、この経験を通して外国為替について学んだことには計り知れない価値があった。

●黄金時代の終わり

1960年代中頃は、外国為替を理解するのは容易だった。世界の大部分はブレトン・ウッズ協定に従って動いていたからだ。1944年に締結されたこの協定は、米ドルを世界の基軸通貨としていた。米ドルと金《ゴールド》との交換比率が固定されていたので、為替レートはたやすく計算できた。米国が日本から物を買いすぎれば、日本側は米国に金を要求できるという仕組みだった。金の保有量が減ればお金も減った。

1971年、リチャード・ニクソン大統領は米ドルの金本位制を停止し、すべてを変えた。ドルは、世界の通貨であることに変わりはなかったが、突如として何の裏付けもないものになってしまった。米国は好きなだけドルを印刷することができるようになり、世界もそれに従った。

こうした変化が起こったため、その後は外国為替を理解するのが少し難しくなった。現在、通貨の世界を理解しようと思えば、少し異なる考え方をする必要がある。基本的に、物事が理に適っていないからだ。

例えば、米国は世界で一番の金持ち国だと思われている。だが実際は、世界一の借金大国だ。米国は誰に借金しているのだろうか。それは一般に第三世界の国と考えられている中国だ。

●さらに金持ちに、さらに貧乏に

皮肉なことに、多くの米国人は、米国が金持ちで、中国は貧しいと思っている。現実は正反対だ。そうなったのは、金による紙幣の裏付けが外されたために、信用と流動性が爆発的に増加してしまったからだ。世界全体で一体どれほどの流動性があるのかは、とうてい計算できない。

この過剰な偽のお金は、人々に自分たちは金持ちだと思わせ、あらゆるものの値段を上昇させる。今では、ドルが安くなるにつれて、株式、不動産、自動車、ガソリンはますます高くなる。

この制度のもとで金持ちになる人が確かにいる一方で、偽のお金は、貯蓄をする労働者に罰を与えている。自分は裕福になりつつあると感じる人もいるかもしれないが、実際には仕事や貯蓄の価値は下がっている。

ごく単純化して言えば、今日、中国やその他の国々は、私たちが彼らの商品を買えるように何十億ドルものお金を貸してくれている。こうした国々は米国にコンピュータ、テレビ、自動車、キャンディー、ワインなどの商品を供給し、それに対して米国は、偽のお金を支払っている。

これらの国々は、自国ではドルを使えないので、私たちが彼らの商品をもっと買えるようにまた私たちにドルを貸し付けてくれているにすぎない。近所の食料品店に行って、そこにあるトマトを買いたいからお金を貸してくれと言うようなものだ。論理的な人なら、「それはバカげている」と言うだろう。しかし、1971年以降に起こっているのはまさにそういうことだ。そしてそれは、銀行家や政治家など高い教育を受けた人々の多くにとっては、どういうわけか理に適ったことになっている。

●不均衡な取引

お金に関しておかしなことはもっと身近なところにもある。例えば、クレジットカードの借金を返済するために住宅ローンを借り換える人がたくさんいるが、これはまったく理屈に合わない。その借金は、皆が知っているように、いつかは返さなければならないものだからだ。

ところが、借金を返すためにさらに借金をすることは、その借金をより安いドルで返済できる限り、また、貸し手がそのより安く、より価値の低いドルを受け取るつもりがある限り筋が通っている。さっきの食料品店のたとえ話で言えば、1ドルのオレンジをツケで買い、1年後に80セント返すようなものだ。店主がそれで満足なうちは問題が起こらない。

現実の世界について言うなら、今日米ドルが360円ではなく110円程度なのは、ドルの価値をアメリカが下げ続けることを日本が許しているからだ。つまり、米国が日本への債務をより安いドルで返すことを彼らが許しているからだ。

長年の間に円は強くなり、ドルは弱くなった。これはひとえに、アメリカが紙幣を乱発し、消費を増やし、生産を減らしたせいだ。日本が米国にお金を貸し、そのお金で米国は日本の製品を買った。日本は景気が良くなり、米国の景気も良くなった。

●ゲームオーバー？

今日の問題は、中国が日本と同じようなゲームをする気がないことだ。米国がドルの購買力を下げれば、中国も自国通貨のドル固定相場制をとることで通貨の価値を下げる。そして米国はより安いドルで債務を返す。

通貨のゲームをしていると言って米国が中国を非難しているのは皮肉なことだ。米国が望むようなゲームを中国がしてくれないというのが、むしろ正直なところだろう。

しかし、さらに大きな問題が出現しつつある。どうやら他の国々は米国のゲームに付き合う気をなくしつつあるらしい。だからEUはユーロを導入した。中国がユーロのアジア版を作れば（正直なところそれは見込み薄だが）、ドルは本当に困ったことになりかねない。

石油産出国がドルを受け取るのをやめ、金やユーロに乗り換えたら大変なことになる。その時は、世界的な景気後退、あるいは世界恐慌さえ起こりかねない。

しかし当面、この奇妙なゲームは続く。どれだけ続くかは私にもわからない。歴史上のあらゆる紙幣は、最後にはその本来の価値、つまりゼロに戻る。そうなった時ゲームは終わり、まったく新しい「たらい回し」のサイクルが始まる。

（２００６年10月17日）

第30回 借金好き

ほとんどの人が知っているように、１４９２年、コロンブスは大西洋を横断する航海に出発した。スペインの王フェルナンドと女王イサベルの資金援助を得て、コロンブスは新大陸を発見した。そして、スペインが当時最も豊かな帝国になるきっかけを作った。

コロンブスの航海の直後、スペインのガレオン船は世界中に進出し、そこで略奪を行った。間もなく、スペインの金庫はアメリカ大陸から奪った黄金で満たされた。スペインの征服者たちは、強欲、残忍さ、そして暴力に満ちたやり方で、アメリカ大陸に自分たちの宗教や文明を広げた。

明らかに、この病は伝染性のものだった。１５５７年、スペインは歴史上初めて自らの破産を宣言した主権国家となった。スペインの支配者フェリペ2世は、戦争と征服が大好きで、ジェノバの金貸しから資金を借りながら戦いと盗みを続けた。彼の貪欲さが、2度、3度、4度と国を破産させた。

●人物を決めるのはお金ではない

金持ち父さんはよく、お金が人物を決めるのではないと私に教えた。この論理を使って、お金は人を強欲にするわけではないと言うこともできる。金持ち父さんが言いたかったのは、お金は人の本当の姿を露わにする力を持っているということだった。

例えば、ある人物がお金について愚かであるなら、もっと多くのお金を持つと大馬鹿者になってしまうかもしれない。億万長者になった宝くじの当選者、ロックスター、遺産相続者、プロスポーツ選手などが馬鹿げたことをした挙げ句に破産したという話は誰でも聞いたことがあるだろう。

お金の影響は他にもある。ジョン・D・ロックフェラーは、金持ちになればなるほど、よりケチになったようだ。本当かどうかは知らないが、以前に読んだ話では、彼の息子は、節約のために姉のお下がりを着せられていたということだ。

一方、もともと気前のよい人たちは、金持ちになるとますます気前がよくなり、ビル・ゲイツやウォーレン・バフェットのように、意義のある事業に多額の寄付をしたりする。経済的な自由を手に入れた人の多くは、その自由を使って、自分の魂の仕事だと信じることに人生を捧げる。私が人々に富を得るように教え、励ましているのは、まさにその自由のためだ。

●グローバル化する強欲

スペインの16世紀における度重なる破産や、ロックフェラーのケチぶりについてのやや疑わしい話が示すような、強欲から生じる愚かな行為が今や多くの国で盛んに行われている。大きな違いは、現在の世界においては、ある国が別の国まで行って黄金を盗む必要はないということだ。ただお金を印刷すればいい。

つまり、費用のかかる軍事力を使って弱い国を攻撃する代わりに、借金、すなわち実体のないお金を使って、他国の富を買いさえすればいい。武装して銀行を襲うのではなく、通貨偽造によって儲けることにした銀行強盗のようなものだ。米国は現代の世界で最大の通貨偽造者かもしれない。

米国のような金持ちの国がより弱い国に対して経済的な優位さを得る方法の1つは、その国が米国の製品を買うという条件で金を貸すということだ。ホットマネーと呼ばれるそうした投機的な資金が貧しい国に流入し、その国の景気が良くなる。しかし、こうしたにわか景気は、その国が借金を返せなくなった時につぶれる。

もっと個人的なレベルでは、多くの人が、クレジットカードや教育ローン、あるいは住宅ローンなどの手軽なクレジットに手を出して痛い目に合う。いったん貸金業者があなたに負債を負わせたなら、彼らには何年にもわたって着実な収入が確保されるので、彼らは、あなたが借金を返済してしまわないように密かに祈っている。もし、あなたが借金を返せなくなったならば、資産を処分するように強制するかもしれない。

●バブルが崩壊するとき

世界では現在、大融資ブームが起きている。しかし、今回のターゲットは国家やクレジットカードの負債を借り換えようとしている住宅所有者ではなく、企業だ。そして融資の大部分は、上場株式や債券市場、あるいは銀行などを通しては供給されていない。今は、ヘッジファンドのようなプライベートエクイティ投資機関が、企業に対して非常に魅力的な金利で何兆ドルもの融資を行っている。

このようなプライベートエクイティによる膨大な融資の明らかな問題点は、それが政府の組織やその他の規制機関の目の届かないところで密かに行われているということだ。この実態の分からない世界では、度胸のある者が莫大な利益を上げたり、莫大な損失を被ったりする。最近では、壊滅的な損失を被ったヘッジファンドのアマランス・アドバイザーズの例がある。

プライベートエクイティ機関が何十億ドルものお金を人知れず貸し付けているという事実は、あなたや私のような人間にとってどういう意味があるのだろうか。これには良い側面と悪い側面の両方がある。プラス面としては、世界中を動き回る莫大な量のホットマネーによって、人々が繁栄の気分を味わえるということがある。

マイナスの面としては、負債のバブルが崩壊したときには――事情を知る人々の多くはそうなると思っているのだが（実際スペインが何度も破産したように）――世界的な不況、場合によっては恐慌を引き起こすだろうということだ。言うまでもなく、世界経済が収縮すれば、仕事はなくなり、消費は減り、資産価値も下がるかもしれない。

そうは言っても、この過剰な負債のおかげで、世界経済は、Y2K（コンピュータの２０００年問題）、9・11同時多発テロ、石油価格の高騰、ハリケーンカトリーナ等の難しい局面をかなりうまく切り抜けることができた。そして、この融資ブームによって、不動産、商品、株式などの資産の価格が上昇した。実際、私もこの負債や偽金によって大いに潤った。私のビジネスも投資も利益を生んだ。それでも私は心配している。

●経済を転売する

たいていの人が知っているように、不動産のフリッパーとは、家を買い、それを手入れして、あるいは手も入れないまま買った時よりも高い値で売る人のことだ。

また、企業への低利融資が活発な中で、多くのプライベートエクイティ機関が株式公開企業の株を買い占めた上で非公開企業にしている。こうした活動が株式相場を新高値圏に押し上げている。買収企業は、買った企業を切り売りし、あるいは株式を再び公開するなどして転売《フリップ》することもある。不動産のフリッパーとよく似ているが、こうしたことが世界中で行われている。

例えば私のある友人は、つい最近自分の会社を売って２４００万ドルを手に入れた。相手のプライベートエクイティ・ファンドは、彼にお金を渡したくてしょうがない様子だった。別の友人は、学習障害のある子供の教育を行う家族経営の事業者に毎日電話をかけまくり、数百万ドルでビジネスを買い取る話をもちかけ（そして多くの場合は承諾をもらい）、20％の手数料を得ている。

●終わりは近い

たぶん私が年を取りすぎているからなのだろう。あるいは流行に疎いせいなのかもしれない。こうしたビジネスの内容とそれらの買収額を考えると、私にはどうも納得がいかない。

私が問題だと思うのは、これらの買収がお金や株式ではなく借金によってまかなわれていることだ。私の知る限り、そのお金はいつか誰かが返さなければならない。

スペイン帝国は、戦争と征服というお金のかかる趣味のために結局は崩壊した。今の世の中が、借金というお金のかかる趣味のために征服されないか心配だ。では、どうすることを勧めるかと言うと、今はパーティを楽しむことを勧める。ただし酒を飲み過ぎず、出口付近から離れないようにしながら……。

（2006年10月27日）

第31回 略奪者から身を守る

エンロンの不正会計スキャンダルにからんで起訴された同社元会長ケン・レイは、結局、法の裁きから逃れた。彼は、詐欺および共謀の罪で有罪判決を受けた後で死亡した。しかし、エンロンの元CEOでレイの共犯者だったジェフリー・スキリングの場合はそれほど「幸運」ではなかった。先月、彼は懲役24年の判決を受けた。

私は、レイの死やスキリングの懲役刑を喜べない。それは、1つには、本当の正義は行われなかったと思っているからだ。同様に、2004年にマーサ・スチュアートが有罪判決を受けて刑務所に入ったとき、私はショックを受けた。インサイダー取引や不正な活動の隠蔽を大目に見ているからではない。マーサは、司法制度が第一に追及すべき犯罪者ではなかったからだ。

1995年から2005年の間に、普通の人々が老後の安心のため、あるいは子供の大学教育のために投資していた何兆ドルもの資金が盗まれた。

●懲役の代わりに大儲け

こうした行為に責任のある悪党たちの多くは逮捕されることもなく、その一部はいまだにビジネスをしている。同じようなことだが、国中の平均的な人々が貯蓄を失ってしまったのに、ニューヨーク証券取引所はCEOディック・グラッソに1億8700万ドルの報酬を「うっかり」手渡した。

マーサが刑務所でクッキーを焼いている間に、グラッソは、証券取引所がその歴史上最も腐敗していた時代にトップを務めたことで大きな報酬を与えられた。グラッソが受け取った1億8700万ドルは、「小口の」投資家が失った7兆ドルから9兆ドルの売上手数料だったのだろうか。

ありがたいことに、ニューヨーク州司法長官エリオット・スピッツァーが勇敢にもこの人物を訴え、訴訟に勝った。グラッソは1億ドルを返還しなければならない可能性があるが、刑務所に入ることはない。

このことは多くの問題を提起する。そもそもディック・グラッソにこれほど多くの報酬を与えたのは誰なのか。誰かその者を追及しているのだろうか。あなたはそれでもこうした人々に自分のお金を預けたいと思うだろうか。マーサが懲役に服したことで安心できるだろうか。ジェフ・スキリングは最後の悪党なのか。

●去る者は日々に……

人間、わけても投資家が忘れっぽいというのは本当だ。市場が盛り上がるや否や、強欲が頭の中を支配し、用心は忘れ去られる。

例えば、不動産市場は1992年に底を打った。不動産価格は落ち込み、多くの貯蓄貸付組合はつぶれ、チャールズ・キーティングのような悪徳銀行家や不動産業者は次々に摘発されていた。スキャンダルが渦巻き、連邦政府が救済に乗り出さねばならなかった。

しかし、10年も経たないうちに、この恐ろしい危機の記憶は失われ、悪党や腐敗は忘れられ、人々は再び不動産市場に投資している。

今度は、エンロン、タイコ、ワールドコム、アーサー・アンダーセンその他の大企業が姿を消し、それと共に、何兆ドルもの投資資金が吹き飛んだ。しかし、ダウが1万2000ドルを超え、こうした犯罪者たちの記憶は（マーサが刑務所に入っていたことさえ）消え失せ、投資家は再び株式市場に殺到している。

●彼らは今いずこに？

エンロンの人気が絶頂に達した時、同社の時価総額は650億ドルだった。すべての騒ぎが収まった時には、その価値はゼロになっていた。ご存じのように、ケン・レイ、ジェフリー・スキリング、そしてCFOのアンドリュー・ファストウはすべて有罪判決を受けた。しかし、他の略奪者たちはどうなったのだろう。レイ、スキリング、ファストウを監視していたはずのエンロンの取締役たちはどうなったのか。会計士やアナリストたちは？　投資家から預かったお金で価値のないエンロンの株を買っていた年金ファンドや投資信託の資金運用者たちはどうしたのか。エンロンの幹部が盗みを働き、投資家を騙していた時、彼らは居眠りしていたのだろうか。彼らはいまだに現役で、他人のお金を投資しているのではないだろうか。

エンロンやタイコやワールドコムといった株に投資していた投資信託を推薦した、株式仲買人やファイナンシャル・プランナーはどうしているのだろうか。彼らはまだ同じ仕事をしているのだろうか。彼らは捜査を受けたのだろうか。医者が医療過誤で訴えられるのならば、金融のプロたちに対しても同様の防衛策があるべきではないのか。

また、エンロンのいかがわしい手口について投資家に警告できなかったテレビや印刷メディアの金融ジャーナリストたちはどうなのか。ほんの数年前、彼らはドットコム株をはやし立てていた。現在は、ダウが1万2000ドルを超えたことをはやし立てている。

●詐欺師たちの群れ

投資家のお金を何百万ドルも奪い去った人々の何人かは、尋問される代わりに褒めそやされている。例えば、ゼネラルエレクトリックの前CEOジャック・ウェルチはいまだにリーダーシップの教祖のように見なされている。

しかし、事実を見てみれば、ウェルチは投資家のお金を大量に持ち去り、GEをかつてないほど悪い状態にしてしまった。彼の不倫が発覚した時、彼の退職金についても明らかになった。彼がGEからもらった額はほぼ10億ドルだ。その上、退職手当には会社の専用機の使用や贅沢なニューヨークのマンションが含まれ、年金の額は毎月73万4000ドルにものぼる。

彼がGEをより強い会社にしたのなら、こうしたことを批判する理由もないかもしれない。しかし、厳然とした事実は、GEの2000年における市場価値は6000億ドルだったのに、2005年の始めには3790億ドルにまで下がったのだ。

AOLのスティーブ・ケースの例もある。AOLがタイムワーナーを買収した時、タイムワーナーの株価は一時90ドルにまで上がったが、その後、結局10ドル以下になってしまった。合併時の両社の市場価値は合計2400億ドルだったが、2005年までには、820億ドル以下になってしまった。ケースのおかげで、タイムワーナーにいる私の友人たちは、自分たちの退職金はどうなってしまうのかと心配している。

●持ち逃げ

史上最大級の市場暴落に対して責任ある人のほとんどが、依然としてこのシステムの中にいて、当時と同じことを今もやっている。

ダウが上昇を続けて1万2000ドルを突破するのを見て思い出すべきことは、マーサ・スチュワートは刑期を終えて刑務所から出てきたが、実際にお金を持ち逃げしても1日も刑務所に入らなかった連中が今でもぬくぬくと生きているということだ。

頭脳はあなたにとって最も大切な資産だ。だから、誰からアドバイスを受けるか、何を信じるかということに十分注意を払うことだ。すべての金融市場には、有能ではあるが必ずしも善良でない人が大勢いて、彼らはあなたの利益よりも自分の利益をまず考えるのだということを忘れてはいけない。

（2006年11月13日）

第32回 最高のものから学ぶ

私とドナルド・トランプとの共著『あなたに金持ちになってほしい』が刊行されたので、彼と仕事をした体験についてお話ししよう。

「あのドナルド」といえば、テレビの大人気リアリティー番組『ジ・アプレンティス』の最後に「お前はクビだ！」と叫ぶタフな男だということは何百万もの人々が知っている。私も、彼は実際にあんなぶっきらぼうな物言いをするのかとよく聞かれた。そのとおりだ。私が見聞きしたかぎり、彼は、カメラの前でも普段でも本当にあのドナルドだった。決して「ドナルド・トランプ」を演じているわけではない。

彼と一緒に本を書いたことが、著述家、ビジネスマンとしての私にとって、画期的な出来事になったのは言うまでもない。『ラリー・キング・ライブ』や『ドニー・ドイッチのビッグ・アイデア』『ザ・トゥデイ・ショー』『ジ・アーリー・ショー』、CNBCにドナルドと一緒に出演したことで、ビジネス界における私の信用も一段と増した。

●非公式な研修

だが私が得たものは、人々からの評価や信用だけではない。私は、ドナルドと数年間いっしょに仕事をしただけで、より良いビジネスマン、そしてより良い人間になることができた。

ドナルドによって私の人生がどれほど豊かになったか、その数例を挙げよう。

1．よりタフな人間になった

ドナルドを嫌いだという人が多いのは、彼が厳しい男に見えるからだ。それは彼らの問題だ。私は彼と過ごしていて、自分がもっと大きな成功を収めなかったのは、自分に厳しさが足りなかったからに過ぎないと気づいた。

ビジネスマンとしての私は、思っていることを口にできないことがよくあった。相手の気持ちを傷つけたり、自分の気持ちが傷ついたりするのが怖かったからだ。率直に話すのではなく丁寧に話していた。ドナルドと交流するようになって、私は、2005年から2006年にかけて自分のビジネスをコントロールする力を取り戻し、ずっと前に辞めているべき人々を解雇した。

彼らは悪い人たちではなかったが、とにかく私の会社にはそぐわなかった。現在、ビジネスは力強く成長していて、会社の皆も喜んでいる。

2．より親切で礼儀正しい人間になった

私の欠点の1つに、短気で怒りっぽいというのがある。ドナルドにも似たところがあるのではないかと思う。だが彼は、私なら我慢できないような多くの場面でも、忍耐強く親切に、礼儀正しく振舞っていた。

そのことについてドナルドに聞くと、彼はこう言っただけだった。「両親が私に教えてくれた最も重要な教えの1つは、すべての人に礼儀正しく接することだった。たとえ彼らに腹を立てていてもね」今では私も、人に接するときはすべての人に礼儀正しくするように努めている。腹が立っているときはなおさらだ。それがいつもうまくいくわけではないが、前より少しばかり親切な人間になれたような気がする。

3．ますます金持ちになった

妻のキムと私は十分すぎるくらいのお金を持っている。そして、自分たちは金持ちだと思っている。だが

ドナルドの世界に足を踏み入れたとき、私たちは、まったく新しいレベルの金持ちの世界を見た。百万長者《ミリオネア》であることと億万長者《ビリオネア》であることとは違う。トランプのライフスタイル……ビル最上階のペントハウス、豪邸、リムジン、自家用ジェット機といったものに、彼の世界を垣間見ることができ、彼がなぜ「でっかく考えろ」と皆に言い続けているのかよくわかるようになった。

彼と一緒に時間をすごしているだけで、私はより大きくより豊かに考えることができるようになった。億万長者になることに照準を合わせ、自分のビジネスが億万クラスのビジネスになるように再構築を開始した。いま私は、スタッフたちに、私の仕事は君たちを百万長者にすることだと言い続けている……そして君たちの仕事は私を億万長者にすることだと……。

4．小さなことにくよくよしなくなった

ドナルドのオフィスでミーティングをしていたある日、私はビジネスの相手のことで愚痴をこぼしていた。自分たちの扱われ方が気に入らなかった。ドナルドにその人物のことをどう思うかと聞き、自分の心配について説明すると、彼はこう言っただけだった。「そんなにくよくよするな。嫌いな人間とビジネスをしなければならないときもある。だからといって彼らと同じようにならなければいけないわけでも、彼らを好きにならなければいけないわけでもない」

そこから私は、より大きく考えることを学んだし、もっと重要なことだが、細かい点に注意を払うことと、くよくよ悩むのは違うことを学んだ。

5．忠実さ、協力しあうことやパートナーシップの価値を思い知らされた

私たちが本のコンセプトを練っているとき、お互い同じ懸念と教えることへの情熱を抱いているとわかったとき、何十本ものインタビューに一緒に出演したとき、そのような価値のすばらしさを何度も味わった。

『ラリー・キング・ライブ』や『ザ・トゥデイ・ショー』などの番組に出演するのは、ドナルドにとっては何でもないことだったが、いくつかインタビューを入れるとき、彼は私たち2人を同等に扱うようにと強く申し入れた。番組のホストが私の名前の発音を間違えたとき、ドナルドは、たとえそれが全国ネットの番組であっても、すかさず訂正を入れた。そのようなちょっとした行動が雄弁なのだ。

●歴史は作られつつある

私たちの本が出版されたちょうどその頃、20世紀初頭の世界一の金持ちアンドリュー・カーネギーに関する新しい本が出版された。皮肉なタイミングだ。後世の人々が21世紀初頭の歴史を振り返るとき、ビル・ゲイツやウォーレン・バフェット、ドナルド・トランプが、20世紀初頭のカーネギーのように回顧されるのだろう。

多くの歴史家がカーネギーを無慈悲な男だと見なしており、多くの人々がさきほどの3人を同じような目で見ている。しかし、カーネギーの人生を研究すれば、彼が非常に寛大で、図書館の建設や世界平和の維持を支援するために、何十億ドルものお金を寄付したことがわかる。

彼は、ウィルソン大統領が提唱した「国際連盟」の先駆けとなる「平和連盟」の構想さえ抱いていた。歴史は、ゲイツやバフェット、トランプをその富のためにただ嫌悪するのではなく、彼らがやってきた善行を記すだけの余白も持ち合わせていると、私は信じている。

ドナルドと私は、裕福な人間としてだけでなく、教師として一緒に本を書いた。私たちはどちらも、学校教育にファイナンシャル教育が欠けていることを心配している。書き進めるうちに、私は、ますます金持ちになっただけでなく、人間的にも成長できたと思っている。だからこそ、多くの人が目にすることのないドナルド・トランプの一面を知ることができて光栄に思う。

（2006年11月27日）

第33回 不動産投資に賭ける

80年代後半、妻のキムと私は小さな一世帯住宅への投資を始めた。もっと大きな物件に投資対象を変えることになった時、私たちは、オレゴン州ポートランドの中心部にある6世帯用のアパートを買った。そのアパートを一棟買いするのに支払った金額はたった10万5000ドルだった。しかもオーナーは、ごくごくわずかの頭金で売却してくれた。その物件は、ポートランドでも柄の悪い地域にあった。だからそんなに安かったのだ。だがキムと私は、ポートランドが発展するにつれて、その地域も良くなるだろうと確信していた。

あれから20年ほど経ったが、このアパートはいまだに柄の悪い地域にある。アパートを満室にするのに必死だったので、部屋を借りたいと言ってくる人の審査はいい加減だった。信用調査もしなかったし、犯罪記録調査もしなかった。アパートが満室になったあと、本当のトラブルが待ち受けていた。

●金曜の夜のけんか

ある晩、キムと私が夕食を終えようとしていた時、警察から電話があった。私たち2人のどちらかにアパートへ来て欲しいというのだ。暑い夏の夜だったが、私がアパートに到着すると、4号室の住人がバルコニーから身を乗り出して、下の1号室の住人に向かって叫んでいた。

連絡をくれた警官に近づき、どうしたのかと聞いた。若い警察官は笑いながら、「上の階に住んでいる男は女装の趣味があるようだ」と言った。

私は、「ああそう」と言うのが精一杯だった。

「下の階に住んでいる女は売春婦でね」

「なるほど」

「それで、どちらがより美人かということで口論になっているのさ」

私は声をあげて笑いながら、「どちらが優勢なんだい」と聞いた。

「なんとも言えないね」と警官。「上の階の男は年上で、自分が若いころに完璧に女装して撮った写真を見せているんだけど、売春婦のほうは、路上でいい格好をして見せて、自分のほうが若くて見た目も上だと言い張っている。これ以上脱いだら、公然わいせつで逮捕しなきゃならないかもしれないね」

野次馬が集まってきた。自宅の窓から様子を眺めている人もいれば、道路から見ている人もいた。明らかに、どんなテレビ番組よりも面白い見世物だった。

しばらくしてようやく口論が終わり、数か月後、その売春婦はアパートから引っ越した。

●さらに大きな災難が

この事件の後に、若いシングルマザーがアパートに入りたいと言ってきた。彼女は自分がいかにツキに見放されているかというお涙頂戴の話をして、敷金が払えないのだと言った。

2人の子どもを抱えたこのシングルマザーに同情した私は、ついに折れてしまい、売春婦が借りていた部屋を貸してやることにした。

3週間後、消防署から電話があり、アパートの一室から出火したと言ってきた。現場に駆けつけると、あの若いシングルマザーが暖を取るために床の上で火をおこしたのだと知らされた。

この火事で、私の不動産投資家としてのキャリアはおしまいになりかけた。不動産やテナント、物件管理といったことに心の底から嫌気がさした私は、投資信託に投資することを真剣に考えた。

●金持ちは弁護士に相談する

新しく不動産投資を始めた未熟者の多くが、すぐに投資を諦めて、債券に分散投資をし始める。それというのも、不動産に投資すると、株や債券、投資信託や貯金をしていたのでは決してわからない、人間くさい一面を垣間見る機会が多くなるからだ。

私は貧しい賃借人についてだけ話しているのではない。これまでに出会った最悪の賃借人の何人かは金持ちで教育のある人々だった。実際、私の経験では、こういう人たちがしばしば最悪のケースとなった。

何か問題が起こったとき、彼らは、アパートの管理人に電話して対応してもらおうとするのではなく、たいてい自分の弁護士(例外なく短縮ダイヤルに登録してある)に連絡し、まず訴訟を起こすと脅す。

このアパートで不動産投資から手を引く代わりに(それも考えないではなかったが)、キムと私はプロの不動産投資家のアドバイスを求めた。これは正解だった。この6部屋のアパート経営での失敗から学んだことによって、私たちは金持ちになった。

●3つのシンプルなルール

これまで何度も言ってきたように、失敗はあなたを金持ちにするためにある。この経験から、キムと私は3つの貴重な教えを学んだ。

1. スラムのオーナーになるのか、まともな物件のオーナーになるのかを決める

家賃を集めるだけで建物の修理やメンテナンスをせずに大金を稼ぐ投資家たちがいる。時間が経つにつれ建物は老朽化し、それとともに賃借人の質も落ちる。すると彼らは、本物の家主《ランドロード》が現れて修復するだろうと期待しつつ、投げ売り価格で物件を売りに出す。

キムと私にとって財産を増やす1つの方法は、こうした「スラムロード」たちの物件を探すことだ。彼らの物件をお買い得価格で買い、修繕を施し、悪い賃借人には出て行ってもらい、良い賃借人を呼び寄せ、家賃を引き上げ（こうすることで物件の評価額が上がる）、増加した資産価値を利用して税金のかからない資金を借りる。そして再び、管理の行き届いていない物件を探しに行く。

2．三流の管理人になるか、一流の投資家になるかを決める

不動産の管理を人に任せて学んだことは、総戸数100戸以下の建物の場合、高いお金を払って大卒を雇い管理させていては採算がとれないということだ。言い換えると、100戸以下の建物はキムと私が事実上管理していた。

この経験がきっかけとなり、私たちは長期計画を立てた。総戸数100戸以上の大規模物件を高級エリアに買うことができるまで、購入する物件の規模を徐々に拡大していくことにした。

あれから10年。今では私たちが所有する戸数は1000戸を超え、高い教育を受けたプロたちに物件管理を任せている。不動産物件の管理は、かかりきりの仕事になることもある。だから私たちは、投資に集中できるよう、お金を払って人に管理してもらうほうがよいと考えている。

3．失敗はためになる

自分の欠点や予想外の失敗を他人のせいにするのが人間というものだ。不動産や不動産管理について恐ろしい話しかしない人とこれまでたくさん出会った。ほとんどの話は、多少は事実にもとづいているのだろう。しかし、失敗も人生の一部だ。失敗を避けるよりはむしろ失敗をすることによって、我々は学ぶ。

たとえば、私のある友人は、はじめての不動産投資として世帯数120戸のアパートを買った。彼はキムにも私にもアドバイスを求めなかった。そのアパートの購入を我々が見送ったことを知ったあともだ。

この不動産投資のおかげで、彼は今大変な目に遭っている。だから彼は、不動産なんかに投資するもんじゃないと言っては、自分の失敗を他人のせいにしている。だが、私の好きな言い方をするなら、「blame（他人のせいにすること）は be lame（野暮なこと）」だ。

スラム化した彼のアパートは売りに出されたが、いまだに買い手がつかず、劣悪化の一途をたどっている。その結果、私とキムにとっては日に日に魅力的な投資物件となっている。

（2006年12月11日）

第34回 繁栄が平和をもたらす

1972年、私は、南北ベトナムを分断する非武装地帯（DMZ）のわずかに南側をヘリコプターで飛行していた。この時、ヘリは武装していなかった。

この日の私の任務は、戦闘に加わることではなく、眼下の戦闘を観察してその様子を報告することだった。私が見た光景は悲惨なものだった。北ベトナム軍が我々の部隊を散々に痛めつけていた。多くの航空機を失っただけでなく、多くのアメリカ兵が命を落とした。

●答えてもらえなかった難問

空母の乗員待機室で報告が行われた。仲間のほとんどはショックを受けており、気力も萎えていた。同僚のパイロットが打ち落とされ、戦友たちが死んで行くのを見た記憶は決して消えるものではない。

報告が終わると、部隊長が何か質問はないかと聞いた。私は、手を上げて、「敵の北ベトナム兵たちは、なぜ我々の南ベトナム兵よりも激しく闘うのですか」と聞いた。

部隊長の答えを待たず、私は続けた。「我々は世界最強の軍隊を持っています。我々のB-52爆撃機は1000ポンド爆弾で敵を攻撃しています。戦闘機はナパーム弾を敵の上に落としています。戦車もあります。16インチ砲を積んだ海軍の戦艦が敵を砲撃しています。陸軍と海兵隊のヘリコプター部隊がロケット砲とマシンガンで空から近接支援を行っています。北ベトナム軍は大した装備も持っていません。しかし、彼らは執拗にやってきては戦い続けています」

部屋には長い沈黙の時が流れた。同僚のパイロットの中にも私と同じような疑問を持った者がいたのではないだろうか。海兵隊のヘリコプターに乗るパイロットとして、我々は、あの戦闘を空からつぶさに観察することができた。それは、ほとんど我々だけが体験したことだった。

「我々は世界で最も豊かな国です」と私は続けた。「北ベトナムは最も貧しい国のひとつです。我々は南ベトナムに世界で最高の軍事支援を与えています。それなのに、南ベトナムは負けています」

沈黙は続いた。私の最初の質問、つまり、「敵の北ベトナム兵たちは、なぜ我々の南ベトナム兵よりも激しく闘うのですか」という問いに答えが与えられることはついになかった。

●負けないために闘う

72年当時、ベトナム戦争はすでに終わっていることは皆が知っていた。アメリカが戦争からの出口を探していることも周知の事実だった。我々はもはや勝つために闘っているのではなかった。ただ負けないために闘っていた。そのことが戦い続けることをほとんど不可能にしていた。

現在イラクとアフガニスタンで行われている戦争との類似点に気づく人もいるだろう。72年当時の状況から、現在の世界にも通用する3つの教訓を導きだすことができると思う。それは次のようなものだ。

1．人間の精神力がいかに強力なものであるか

72年に北ベトナム上空を飛行した私は、彼らがいかに激しく闘うかということに衝撃を受けた。我々はあらゆる近代兵器を持っていたが、彼らを打ち負かすことができなかった。彼らの精神は不屈だった。

今、アメリカ人が、お金がないと嘆き、投資する余裕がないとか、中流アメリカ人は大変な苦労をしているとか言っているのを聞くと、私は、世界で最も豊かな国と闘っていた北ベトナム兵のことを思い出す。気力を失ってしまったら、世界で最も豊かな国に住んでいても金持ちにはなれない。

2．弱い立場で交渉するのは難しい

アメリカは、ベトナム戦争に負けたことを認めてから、ようやく和平交渉のテーブルにつくことに同意した。現在、イラクとアフガニスタンでは激しい戦争がまだ続いているが、我々はまた同じことをしている。戦争でもビジネスでも、弱い立場で交渉すると悲惨なことになる。

3．他人に自分の人生をコントロールさせるな

ベトナム戦争では、ロバート・マクナマラ国防長官とリンドン・ジョンソン大統領がワシントンですべてを取り仕切っていた。彼らは、最前線で闘っている者の意見を聞こうとしなかった。イラクとアフガニスタンに関しても同じ問題が起こっている。

ブッシュ大統領、チェイニー副大統領、ラムズフェルド前国防長官の3人は、誰も実際の戦闘経験がないが、ワシントンですべてを取り仕切っている。彼らは、ベトナム戦争の経験がある軍の司令官たち、コリン・パウエルのような司令官たちの意見を聞こうとしない。我々のリーダーは経験というものにまったく価値を置いていないようだ。

●成功する気力

これと同様の間違ったリーダーシップが投資の世界でも見受けられる。現在、何百万もの労働者たちが数兆ドルものお金を投資信託会社の手に委ねている。投資信託会社の多くは惨憺たる運用実績しかあげていないにもかかわらずだ。

ファンドマネジャーの多くは、S&P（スタンダード・アンド・プアーズ）の株価指数の上昇率さえ上回ることができない。そんなお粗末な投資実績にもかかわらず、彼らの多くが数十億ドルものボーナスをもら

っている。労働者たちの汗と労苦と希望と夢の結晶を、ボーナスとして受け取っている。

個人的な意見だが、私は赤の他人に自分のお金と将来をコントロールされるくらいなら自分で管理したほうがよいと思っている。

72年に私は、無能な政府のせいで多くの若い兵士たちが命を落とすのを見た。今、数百万の労働者たちの老後が、無能なウォール街のおかげで危機にさらされている。

だが私はまた、ベトナムの上空を飛びながら、人間の精神のパワーというものも目の当たりにした。その精神力が世界最強の軍事国を圧倒し、世界一の金持ち国を打ち負かしたのだ。

今日、同じ精神がグローバルビジネスの世界にも見られる。アメリカはまだ世界一の金持ち国だが、中国やインドのような国々が威勢を増している。中国は1兆ドル近くの米国債を保有していると推定されているが、これは我が国の経済を破滅させるのに十分な額だ。

●勝つためにプレーする

お金についてはつの階級が存在する。金持ち階級は勝つためにプレーし、中流階級は負けないためにプレーする。

中流階級にとっては、経済的に安定していることの方がチャンスをつかむことより重要だと考える。皮肉なことに、今の世の中では安定よりもチャンスのほうがはるかに手に入れやすい。それでも中流階級は安定を求める。

3つめのグループは言うまでもなく貧困階級だ。彼らの多くは大変勤勉だが、お金の世界で競争する意欲に欠ける。意欲がなければ、たとえ世界一の金持ち国にいても勝つのは難しい。

私は74年に海兵隊と飛行機の操縦をやめた。どちらにも愛着があったが、平和のために戦いたいと思えなくなったからだ。平和のために戦うのではなく、繁栄のために働くことによってもっと持続可能な平和を築くことができると私は信じている。勝者と敗者の軍事的なゲームをするのではなく、誰もが経済的な勝者になれる解決策に向かって努力してはどうだろう。結局のところ、顧客を殺してしまってはビジネスにならないのだ。

石油が不足するにつれて、争いも増していくだろう。私は、モノがあふれる世界で何かが不足するのは、むしろ解決策が生まれるチャンスだと考える。よく言われるように、「目には目を、ではみんなが盲目になってしまう」。敵も味方もなく、あらゆる人の平和と繁栄のために努力しようではないか。

（2006年12月22日）

第35回 恐怖心は高くつく

最近、ウォールストリートで働く人々に何十億ドルものボーナスが支給された。その資金は、投資は危険だと考えている投資家から預かったお金だ。言い換えれば、投資家の恐怖心の上に巨大な産業が成り立っている。恐怖心が大きければ大きいほど、ボーナスも巨額になっていく。

最近タイム誌に掲載された「アメリカ人はいかに危険な生活をしているか」という記事には、この現実について参考になる点がたくさんある。そのいくつかを見てみよう。

●コントロールの幻想

私たちは、リスクをある程度はコントロールできると思うと、たとえそれが幻想であっても、リスクに対する判断を誤る。タイム誌の記事では、飛行機に乗る代わりに自分で車を運転する人の例が挙げられている。事故死のリスクは、飛行機に乗るより自分で車を運転するほうが大きいのだが、多くの人は、車を運転するほうが自分でコントロールしているという感覚が強いというだけの理由で、飛行機よりも自動車を選ぶ。実際には、年間に飛行機事故で死ぬ人は数百人なのに対して、自動車事故で死ぬ人は4万4000人となっている。2001年9月11日のテロ攻撃のあと、大勢の人が飛行機を避けて車を運転した。その当然の結果として、同年の10月から12月までに自動車事故による死者の数は1000人増加した。

現在、お金を貯金しておけば自分でコントロールできると思っている人が大勢いる。だから、「銀行に預けたお金のように安全な」という言い方がある。だが本当は、貯蓄する人は一番損をしている。

1996年から2006年までの間に、ドルの購買力は、金《ゴールド》に比べて50%も下落した。1996年に、金は1オンス当たりおよそ275ドルだった。しかし、2006年までに金の価格は600ドルを超えた。1996年に1バレル当たりおよそ10ドルだった石油価格は、2006年には60ドルを超えた。自分の住んでいる場所の不動産価格がこの10年でどう変わったかを調べてみれば、ドルの購買力が下がったことに気づくだろう。

重要な点は、こうした事実にもかかわらず、多くの人が銀行にお金を預けておけば安心だと感じていることだ。それは、自分でそのお金をコントロールしているという感覚のせいだ。金や石油や不動産の価格を自分でコントロールすることはできない。だから、こうした資産に投資することはリスクが大きいと考えるのだ。

●最大のリスク

タイム誌の記事の第2の重要なポイントは、私たちは、恐怖心にかられると、統計を無視して自分の感情に従う傾向があるということだ。前に述べたように、飛行機事故で死ぬ確率より自動車事故で死ぬ確率のほうが500倍以上も高い。それでも、車が最も大きな死亡原因というわけではない。

アメリカにおける年間の死亡者数は250万人で、最大の死因は心臓病だ。2003年には68万5089人が心臓病で亡くなった。自動車事故による死者は4万4000人だった。同じ年の殺人による死者の数は1万7732人に過ぎず、サメに襲われて死んだ人は1人だけだった。

こうした統計にもかかわらず、多くの人は、サメや殺人鬼を恐れていながら、ファーストフード店へ行って、「特大サイズをお願い」と平気で言う。フライドポテトは銃やサメよりも多くの人を殺す。しかし、フライドポテトを恐れる人はいない。

同じことが投資の世界にもあてはまる。投資はリスクが大きいと思っている大勢の人が投資信託にお金を預けるのだが、これは2番目にリスクの大きな投資だ。金持ち父さんが言っていたように、「投資信託はフライドポテトのようなものだ。満腹になるかもしれないが、長い目で見れば有害になる」

バンガード・ファンドの創始者であるジョン・ボーグルは、『米国はどこで道を誤ったか――資本主義の魂を取り戻すための戦い』（The Battle for the Soul of Capitalism）という著書の中で、「経営陣が強く、取締役が弱く、株主が物を言わないなら、略奪が始まっても意外ではない」と述べている。ボーグルがこういう言い方をしているのは、投資信託業界は合法的に投資家からお金を略奪しているからだ。

別の言い方をすれば、ほとんどの人は、投資の世界はリスクが大きくサメがたくさんいると考えているので、投資信託のファンドマネジャーにお金を預けるのだが、彼らこそ世界で最も恐ろしいサメなのだ。

●大事なのは本当の専門知識

投資が危険だと思われている理由の1つは、人々にそう信じてもらうことによって成り立つビジネスがあるからだ。不安につけ込むビジネスはとても儲かる。

それが、タイム誌の記事の3つめのポイントだ。記事に引用されていたある調査によれば、通信・金融分野の専門家20人に鳥インフルエンザが人から人へ感染するリスクについて聞いたところ、彼らは、そのリスクは「60%」だと答えた。同じ質問に対する医療の専門家の答えは「10%」だった。

つまり大事なのは、専門家を見分けるだけの眼を持つことだ。あなたがアドバイスを求めている相手が、信頼できる答えを出せる人かどうかを見極めなければならない。

●アドバイスを与える資格のある人とない人

次の3種類の人々は、投資に関して健全なアドバイスを与える資格がない場合が多い。

1．投資をしていない人

いつも驚くのだが、投資をしていない友人、家族、同僚などから投資に関するアドバイスをもらっている人がたくさんいる。数年前、私はアリゾナ州のフェニックスに5万ドルのこぢんまりしたすてきな分譲マンションを見つけた。6000ドルの頭金を払い、所有者の住宅ローンを引き受けるだけでそのマンションの部屋を手に入れることができた。

その当時、このマンションの評価額は一戸あたり9万5000ドルだった。それが今では19万5000ドルで売りに出されている。何よりうれしいのは、当時1000ドル程度だった家賃が約1500ドルまで上がったことだ。

オレゴン州のポートランドにいる友人から、このマンションを売ってくれないかと相談された。妻のキムと私は、友人にとってよいスタートになるだろうと思い、売ってもいいと答えた。それから数か月後、購入手続きの進み具合はどうかとその友人に尋ねると、彼女は「連絡するのを忘れていたわ。結局買わなかったのよ」と答えた。理由を聞くと、「お隣のマージに危ないって言われたから」と言うではないか。

「マージは投資物件をいくつ持っているんだい？」と聞くと、彼女の答えはこうだった。

「ひとつも持っていないわ」

言うまでもなく、本当に危険なのは何もわかっていない人からアドバイスをもらうことだ。

2．ファイナンシャル・プランナーや株・不動産のブローカーなど、一般的に専門家と思われている人々

ほとんどの人は、金持ちからではなく営業担当者から金融に関するアドバイスをもらっている。株のブローカーのほとんどは金持ちではないし、自分が売る商品に投資してもいない。不動産のブローカーとなると、その数はさらに少ない。

3．投資家である自分自身

投資家である友人の1人に、これまでいくつかの優良投資物件を紹介してきた。しかし彼は、私が勧めた物件を1つも購入していない。なぜ買わないかというと、必ず物件の悪いところを見つけるからだ。良いところを見るかわりに、悪いところを探し、買わないように自分を説得するのだ。

こういうことがあるので、私はチームを組んで投資をしている。チームで投資すればほかの投資家のアドバイスを聞くことができ、1人であれこれ考えてお買い得物件を買い損ねたりしない。

タイム誌の記事にはっきり書かれていたように、恐怖心は正常な感情だ。誰だって経験する。恐怖心にかられて行動を起こせなかった経験が私にもある。もし私が、自動車ではなく飛行機をもっと利用していたら、今よりもずっと金持ちに、しかもはるかに早くなっていたことだろう。

忘れてならないのは、自分が何を心配しているかに注意することだ。そして、本当は何を心配すべきなのかを考えることだ。

（2007年1月8日）

第36回 読み・書き・借金

私が若いころは皆、毎月の給料から給料へと食いつなぐ生活をしていたが、今は毎月のクレジットカードの支払いに追われる生活をしているようだ。

何百万人ものアメリカ人が、クレジットカードの借金にどっぷりつかっていることは周知の事実だろう。多くのファイナンシャル・アドバイザーが、「ハサミを取り出して、クレジットカードを切り刻んでしまいなさい」と繰り返しアドバイスしている。これは良いアドバイスのように聞こえるかもしれないが、私には、本当はもっと複雑な問題に対する、痛みの多い近視眼的な解決策のようにしか思えない。

その問題とはファイナンシャル教育の欠如だ。なぜ学校で子供たちにお金について教えないのだろうか。金持ちでも貧乏でも、頭が良くても悪くても、私たちは皆お金を使う。少数の学校がある程度のファイナンシャル教育を始めてはいるが、ほとんどの教育者は、お金というのは学校の神聖な教室で教えるのにふさわしい科目ではないと考えているようだ。

●クレジットの歴史

私が子供のころには、クレジットカードというものは存在しなかった。その代わり、小売店では代金積立購入という方式を用意していた。私の母は、家具店のような店に行くと、たとえば欲しいソファを決めて、それを代金積立方式で購入していた。つまり、わずかな頭金でその商品を取り置きしてもらい、給料日ごとに少しずつ代金を積み立てる。こうして全額を支払うと、ソファを家に持って帰ることができるという仕組みだった。

当時、「代金後払い」方式を用意する店もあった。この場合は、ソファを決めて支払い契約書にサインすれば、その日のうちに商品を家に持って帰れた。

今でも少数ながら、こうした方式やそれらを多少変えた仕組みを用意している店もあるが、ほとんどの人はクレジットカードを使って買い物をする。だが、クレジットカードが登場する以前から、クレジットはアメリカ人の生活の一部だった。

●成長産業となったクレジットカード

クレジットカードが普及した理由はたくさんある。たとえば次のようなことだ。

1．ウォール街が負債を資産に変えた

現在、銀行が親切にクレジットカードを発行してくれる。そして銀行は、そのカードの負債をウォール街の別の会社に売る。この会社は、毎月のカードの支払いを高い利子で取りたてる。だからカードの負債はこの会社にとっては資産になる。

ウォール街の会社がカードの負債を買い取った瞬間、それは銀行の貸借対照表から消える。すると、銀行はさらにカードを発行できる。だから、クレジットカードの勧誘がこんなに多い。

2．ドルの購買力が低下した

この連載を読んでくれている人は、1971年にニクソン大統領が米ドルを本物のお金から通貨に変えたことをご存知のはずだ。これは、アメリカ政府やその他の国の政府が、稼ぐ——あるいは貯める——より早く紙幣を印刷できるということだ。

購買力という点で言えば、1996年に5万ドル稼いでいた人が、2006年にもその水準の購買力を維持しようとすれば、10万ドル稼がなくてはならない。物価が上昇しているにもかかわらず収入が増えていない人が多い。だからその穴埋めをするためにあらゆる買い物にクレジットカードを使う。

3．賃金が上がれば、税金も上がる

ドルの購買力が下がったので、多くの人はより多く働き、賃上げを要求し、アルバイト（あるいは副業）までして収入を上げようとしている。そして収入が上がると、税率も上がる。

代替ミニマム税制度（AMT）――1970年に金持ちを対象に導入された税――が、いま中流階級の人々を苦しめている。AMTはいろんな意味で二重課税だ。労働者の多くは、賃金が上がっていながら手取り額が減っている。税率が上がったからだ。

4．老後のためにより大きな資金が必要になった

私が若いころは、1つの企業で勤めあげれば、定年後は死ぬまで年金で暮らせるというのが普通だった。会社に年金制度がない場合は、社会保障やメディケアに頼ることが可能だった。

しかし、状況は大きく変わった。現在では、何百万人もの労働者が、日々の生活に必要な額に加えて、老後のための十分な備えができるだけの収入を得なければならなくなっている。

●私はクレジットカードが大好きだ

クレジットカードを切り刻んだところで、こうした経済的な変化に対応できるわけではないし、アメリカの負債の問題を解決できるわけでもないことは明らかだ。

現実の世界ではクレジットカードは必需品だ。クレジットカードがないと、レンタカーを借りるのも、ホ

テルや航空券の予約をするのも厄介だ。クレジットカードなしでは、ビジネスランチの支払やオンライン・ショッピングもやりにくいだろう。

個人的には、私はクレジットカードをありがたく思っている。カードがもたらしてくれる経済的自由を楽しんでいるし、もしカードがなかったら、私の生活は不便きわまりないものになってしまうだろう。

●借金をもって借金を制す

クレジットカードの問題を解決するにはどうすればいいかと聞かれる度に、「私は毒をもって毒を制す」作戦でいきなさいと答える。現金がもっと必要になってきたときに私がするのは、借金を増やすことだ。ただしこれは、悪い借金ではなく良い借金だ。

たとえば私は、不動産投資をするために借金——基本的に無税の資金——を利用する。こうすれば私のキャッシュフローが増える。借金で調達した資金には税金を払わなくていいし、その借金から得られる収入についても、税金を払わずにすむか、わずかの税金を払うだけでよい場合が多い。こうして収入は増えるが、税金は逆に減る。

もちろん、そういうことをやるには、借金を賢く自在に使う方法を知り、キャッシュフローを増やしてくれる投資対象を見つける必要がある。

●問題の根源

金融の専門家のほとんどは、この「借金をもって借金を制する」方式を笑い飛ばすだろう。彼らは、私のアドバイスは間違った論理に基づいていると言うだろう。実際、ほとんどの人にとってはそうかもしれない。しかし、一歩引いて金融の世界をよくよく眺めてみてほしい。先に述べたように、ウォール街は負債を資産に変えることができる。これは金融のプロがやることだ。そして、これは金持ちがますます金持ちになる理由を示す1つの例だ。

残念ながら、ほとんどの人は悪い借金をして、それを恐ろしくひどい借金に変えてしまう。とくに貧しい人や信用力の低い人々はそうだ。彼らは最低レベルの融資しか利用できず、しかも最も高い利子を払わなければならない。

しかし、問題はクレジットカードにあるのではない。問題は、お金に関するノウハウの欠如だ。この知識の欠如の根底には、この国の学校制度とその時代遅れのカリキュラムがある。現在の教育カリキュラムは、人々の現実の生活からかけ離れたものになっている。

クレジットカードを切り刻みなさいというアドバイスが、クレジットカードによる多額の借金という問題を解決するのに役に立たないのは明白だ。ハサミが誰かにお金についての知恵を与えることはない。だが、ファイナンシャル教育ならそれが可能かもしれない。

（2007年1月22日）

第37回 ますます強欲になる投資信託

最近、私はラジオ番組に出演した。司会者はファイナンシャル・プランナーで、私とドナルド・トランプの共著『あなたに金持ちになってほしい』を快く思っていなかった。ドナルドと私がこの本の中で投資信託のことをよく言っていないからだ。

司会者は、私の話を聞くよりも反論することに熱心だった。彼の意見は、ドナルドと私は投資信託の専門家ではないのだから、投資信託を批判する権利はないというものだった。私は、自分たちが投資信託の専門家でないことを認め、ドナルドも私も専門家であるとは一度も言っていないと指摘した。

●放送された口論

私たちが著書の中で引用したのは、投資信託業界の真のエキスパートにしてリーダーであるジョン・C・ボーグルの言葉だった。彼の名前は前にも挙げたことがあるが、知らない人のために説明すると、彼は一連のファンドを世に出したバンガード社の創設者だ。

だが司会者のファイナンシャル・プランナーは、ドナルドと私は専門家ではないが、ジョン・ボーグルは専門家なのだという私の言葉を受け入れようとせず、身構えるように「ジョン・ボーグルは投資信託が大好きです」と言った。

そのとおりだと認めてから、私はこう言った。「ボーグルは確かに投資信託が大好きで、だからこそ腹を立てています。投資家が、投資信託のファンドマネジャーに食い物にされているからです」

放送中の論争はさらに5分ほど続いた。私は司会者に、ボーグルの『米国はどこで道を誤ったか——資本主義の魂を取り戻すための戦い』は読んだことがあるかと聞いた。彼は読んでいないと言い、今後も読むつもりはないと答えた。私がボーグルの本を誤って解釈し、文脈を離れて彼の言葉を利用している、というのが司会者の言い分だった。

●投資信託についてのボーグルの考え

「人間の頭はパラシュートのようなものだ。開いたときだけ機能する」という言葉がある。ラジオ番組の司会者の頭は閉じてしまい、私も同じ状態だったので、インタビューを予定より早く終わりにしてほしいと頼んだ。リスナーが見ることができず、司会者が読む予定もない本について議論するのはやめて、私の言い分を、読者の皆さんに明らかにすることにしよう。

ジョン・ボーグルが著書『米国はどこで道を誤ったか——資本主義の魂を取り戻すための戦い』で言っているのは、基本的に次のようなことだ。「大企業や投資信託の真の所有者」と彼が呼ぶ「投資家」は、企業や投資信託会社の管理者たちに金を巻き上げられている。これを彼は「所有者の資本主義から管理者の資本主義への移行」だと形容している。

エンロンやワールドコムなどの大企業に投資した人々(「真の所有者」)が、ケン・レイやジェフ・スキリング、バーニー・エバーズのような連中に金をだまし取られたのは有名な話だ。ボーグルの主張によれば、彼らと同じような泥棒が投資信託業界にもいる。しかも彼は、数少ない腐ったリンゴの話をしているのではない。業界全体を名指ししているのだ。

ボーグルの言葉を引用しよう。「端的に言えば、ファンドマネジャーたちは、金融市場から得られるリターンの不当に大きな割合を横領している」この点について彼はさらに、「最近の株式の利回りは1・8%程度だったが、典型的なエクイティファンドの経費比率は、ファンドの利益の80%を食っている」と述べている。

あの日のラジオ番組で私は言った。80％というのは、ちょっと欲張りすぎなのではないかと。

●集金マシンのしくみ

ボーグルは具体例を挙げて説明している。「［１９８５年に］株式市場に投資した１万ドルは［20年の間に］10万９８００ドルの利益を上げたが、平均的な投資信託の投資家の利益は、わずか２万９７００ドルだった。ただ株を買って持っていた場合の利益の73％が、コストペナルティ、タイミングペナルティ、セレクションペナルティによって食われてしまい、平均的なファンド投資家には全体の27％しか残らない」

つまり、１９８５年に投資家が株式市場に１万ドルを投資していれば、その後の20年間で10万９８００ドルの利益を得ることができた。これは市場の変動を折り込んだ数字だ。同時期、同じ１万ドルを投資信託に入れた投資家は、２万９７００ドルの利益しか得られなかった。

この情報をもとに私はラジオの司会者に、「だから投資信託は最低だと言っているのです。配当の80％を吸い上げてしまうだけでなく、その他の利益の73％も投資家から奪っている例もあるからです」と言った。

私のこのコメントはきっとビープ音にかき消されたと思う。

●買い物をする者は用心を

『米国はどこで道を誤ったか』を読めば、ボーグルがこの本を書いた動機がわかってくる。ラジオの司会者が言ったとおり、ジョン・ボーグルは投資信託が大好きだ。あのファイナンシャル・プランナーもボーグルの本を読んでいれば、だからこそボーグルが不満を抱いていることを理解できただろう。

投資信託はすばらしくよく考えられた投資商品で、消極的な投資家に長期的な富をもたらすように設計されている。しかし悲しいことに、時間がたつうちに、ファンドマネジャーが、子どもの学費や自分の老後の暮らしのために投資を頼りにしている投資家から、合法的、非合法的に金を巻き上げるようになった。投資信託のファンドマネジャーたちは、大企業の管理者同様、手っ取り早く儲けるために悪魔に魂を売り、投資家たちを見捨ててしまったように思える。

ファンドマネジャーのガバナンスの強化を求めるボーグルの意見に私も賛同する。このような搾取が続けば、起業家やビジネスのための資金を投資家から集めることは困難になるだろう。アメリカの投資家の多くは、すでに国内よりも海外に投資するようになっている。

しかし、資本市場のリーダーたちが規制を強化し、ファンドマネジャーたちがその資本主義魂を取り戻すかどうかはともかく、「買い物をする者は用心を心掛けよ」という時代を超えた投資の知恵は有効だろう。結局は、あなたのお金なのだから、何に投資するか、誰に投資を任せるかには細心の注意を払ったほうがいい。

（2007年2月5日）

第38回 不況のときこそ賢くお金を使う

●どんな好景気もいずれは終焉を迎える

2000年の株式市場の暴落はみんなが覚えているし、1986年に税制改革法が施行されたあとの不動産市場の暴落も多くの人が記憶しているだろう。そして今、再び不動産市場の暴落が起こると多くの人が予想している。

残念ながら、好況の後に不況がやってくることは誰もがわかっているにもかかわらず、いつでも好況が天井に近づいたところで「愚かなお金」が市場に流れ込む。そのことによって、いまも刻々と市場崩壊のドラマの舞台が整えられているが、これに気づいている人はほとんどいない。今回はそのメカニズムについて説明し、次回はその日のためにどのような備えをすればよいかについて話そう。

●好況の終焉を予感させたひらめき

1年ほど前に私はヤフーファイナンスのコラムで、不動産ブームが終わると警告を発した。なぜ終焉を予想できたかというと、地元のスーパー「セーフウェイ」で買い物をしていた時に、レジ係が私に「耳寄り情報」をくれたからだった。

リンゴやブロッコリー、ステーキ肉の値段をレジに打ち込みながら、彼女は自分の新しい不動産業者の名刺を私に渡し、次に不動産投資をする時は私に電話してねと勧めてくれた。それからほどなく私は自宅に戻り、あのコラムを書いた。金持ち父さんが言ったように、「愚かなお金が賢いお金を追いかけ始めたら、パーティーは終わりだ」。その後、不動産業者や投資家から私のもとに怒りの手紙が殺到したことは言うまでもない。

経済が今どこへ向かっているのかについては、私にも100%の確信はない。大部分のエコノミストは好況を予想しているが、新米の不動産業者より心配なのが、こうしたエコノミストたちだ。彼らのほとんどは、インフレが抑制されていることを喜んでいるように見える。だがインフレが抑えられていると聞くと、私はデフレのことを考え始める。たいていの人が知っているように、デフレはインフレよりずっと深刻だ。

●不都合な真実

ごく簡単に言うと、インフレは市中にお金が過剰にある時に起こる。反対に、デフレは通貨の流通量が少なすぎる時に起こる。そうなると、物価が下がり始める。例えば、インフレの時期には、住宅価格が上昇する。デフレの時期には、住宅価格は下降する。もし今、住宅の価格が猛スピードで下がり始めたら、1986年の不動産不況が繰り返されることになるだろう。

2005年のコラムで私は、自分は借金やクレジットカードが大好きだと書いた。問題は、たいていの人がそうだということだ。今では、生きて呼吸さえしていれば、誰でも住宅ローンを組むことができる。

これまで何年も私たちが経験してきた好況は、「賢いお金」だけでなく、どんどん借金をする人の「愚かなお金」の上に構築されている。米国政府でさえ、好きなだけお金を借りて、それで戦争をしたり、自分の国ではなくイラクやアフガニスタンを再建しようとしたりしている。借金の不都合な真実は、借りたものは返さなくてはならないことだ。

●特定の比率

今後2年は、良い借金と悪い借金の比率に注意し、現金や金《ゴールド》、銀などの流動性のある資産を持つようにと、私は警告している。

良い借金とは、あなたを金持ちにしてくれる借金だ。良い借金の好例は、私が所有するアパートのローンだ。だがこれが良い借金であるのは、私の住宅ローンを払ってくれる賃借人がいる間だけだ。賃借人が家賃を払うのをやめれば、良い借金も悪い借金になる。

たいていの人には良い借金がない。あるのは悪い借金だけだ。悪い借金とは、あなたをますます貧乏にする借金だ。自分が住む家のローンは悪い借金だと私は思っている。ローンを払うのは自分だからだ。悪い借金の例としては他に、自動車ローン、クレジットカードの支払い、その他の消費者ローンなどがある。

自宅については、妻のキムと私は、負債比率を25%にしている。つまり、私たちのローンは、家の価値の25%だ。悲しいことに、多くの人は負債比率が80%かそれ以上になっている。家のローンが80%で、資本が20%しかないということだ。

投資用物件については、負債比率をもっと高く設定している。そして自衛のために、物件にかかる経費をカバーできるだけの資金を手元に準備している。例えば、賃借人が全員退去してローンや経費を払う人がいなくなった場合でも、建物を1年間維持できるだけの流動資金を現金、株式、債券などで物件ごとに確保している。だが残念ながら、愚かなお金の場合は、物件を維持できるだけの資金が準備されていない。

●デフレが引き起こすダメージ

デフレ市場では、あなたの家の資産価値は下がるかもしれない。価値が下がれば、銀行が住宅ローンを回収する可能性がある。毎回期日までに返済していても、予定より早く返済を進めていても、不動産の価値がローンの額を下回っていると判断すれば、銀行はローンを取り立てることができる。

例えば、10万ドルで住宅を購入し、20%の頭金を払い、8万ドルを借りたとしよう。(他のみんなが借金を返すために家を売っているので)市場が下落して住宅の価値が7万ドルに下がれば、貸手は貸している8

万ドルを直ちに返済しろと要求するかもしれない。

このようなデフレが起こった場合は、現金こそが王者となる。BMWが50％オフで販売され、高級レストランは閉店し、失業者があふれる。そして、愚かなお金を持っている人を相手に商売をしていた者は困ったことになる。先にも言ったように、デフレはインフレよりもずっと深刻なのだ。

●賢いお金、悪い時代

だが良いこともある。デフレの時期には賢いお金が再び市場に流れ込む。そのため、賢いお金を持つ賢い人にとっては、暴落はすばらしいチャンスとなる。だから、楽観的なエコノミストの話を聞く前に、悪い借金をなくし、良い借金の負債比率を改善したほうがいい。

何よりも重要なのは、勉強することだ。賢くなるには学ばなければならない。次回は、何を勉強したらよいかについて話をしよう。いまのところは、デフレに突入して景気が後退しても、貧乏な人はあまり影響を受けないということを覚えておこう。一番苦しむのは、自分の家や株の価格が上がったから自分は金持ちになったと錯覚している中流の人々だ。

詳しい説明は次回に。

（2007年2月16日）

第39回 今日は金持ちでも明日は貧乏に

前回約束したとおり、今週は、デフレによってなぜアッパーミドル（中流階級でも上のクラス）が深刻な困難に直面することになるのかについて説明しよう。彼らは、自分の家や株の価格がインフレによって上がったために、金持ちになったと錯覚している人たちだ。

●上がったものは必ず下がる

最近のインフレを心配している人たちは、大きな家や高級車を買う傾向がある。ドルの購買力が下がると信じているからだ。だが、現金が王者となる時代が来たらどうなるだろうか。

現金不足は、自分が金持ちだと思っていた人々をすでに苦しめ始めている。私の妻のキムの友人に、建築

⑤経済の基礎となる方程式

現金＋信用＝経済

家として成功している女性がいる。彼女の夫は中堅の広告代理店の管理職だった。子どもは3人いて、一番上は高校生だ。夫婦合わせて35万ドルほどの年収があった。現金がたっぷりあったため、夫婦は山と海に高級別荘を買い、1年の大半をアリゾナ州のフェニックスで暮らしていた。

万事順調に進んでいたが、ある時、夫が一番の得意客を失った。その後、彼は失業し、3か月もしないうちに貯金は底をついてしまった。そこで別荘を売ろうとしたが、その資産価値はローンの残額を下回っていた。現在、彼らは住宅ローンを払い続けながら、不動産価格が再び上昇することを祈っている。彼らはBMWを1台、損を覚悟で叩き売った。

2005年の総資産額を見れば、彼らは百万長者だった。だが、2007年には破産しかかっている。

●矢印に従って進もう

この夫婦のような人たちがまだ十分に認識していないのは、信用バブル崩壊の危機が迫っていることだ。それはデフレの引き金になるかもしれない。現在、全国的に預貯金の額は少なく、世帯ごとの負債は増えている。経済学入門で習うような前頁の方程式は、知っている人も多いと思う（図⑤）。

2000年以降、信用が過剰供給されてきた。Y2K（コンピューターの2000年問題）の脅威が迫っていたころ、連邦準備銀行は市場に大量の信用を供給した。同時多発テロ事件後の2002年に株式市場が下降した時も、市場は安易な信用であふれた。信用の過剰供給と低金利によって経済は何とか保たれていた。それは当時としては賢明な措置だった。ブッシュ大統領は、就任してから5年の間に1兆ドル近い借金をした。それ以前の42人の大統領の借金額を合わせたよりも多い。その結果生まれた信用バブルは、株式市場の崩壊を食い止め、不動産ブームが始まるきっかけとなった。

問題は、この借金は返済しなければならないことだ。だから、正解すれば賞金1兆ドルというクイズ問題の質問は次のようになる。政府、企業、そして消費者は、信用バブルの崩壊を阻止できるか？　もう一度、方程式を見てみよう（図⑥）。
信用が断ち切られたり借金を返済できなかったりすれば、方程式は次のように変わる（図⑦）。

●ショートスクイーズ

信用バブルが崩壊すれば、ショートスクイーズ（踏み上げ）の引き金になる可能性がある。

「ショートスクイーズ」はトレーダー用語だ。株価が高いときに多くのトレーダーが空売りをする。株の空売りとは、投資会社から株を借り、それを売ってから、その株の価格が下落するのを期待することだ。株価が下がれば、投資家は株を買い戻し、借りていた株を投資会社に返す。

たとえば、ＸＹＺ株が1株当たり１００ドルで売られていたとしよう。あるトレーダーが投資会社から10株借り、１０００ドルで売る。株価はその後、60ドルに下がる。そこでトレーダーは６００ドルで市場から10株を買い戻し、その10株を投資会社に返す。こうするとトレーダーは投資会社に利息や手数料を支払う前の時点で、４００ドルの利益を得る。

ショートスクイーズは、市場が反対の方向に動いた時に起こる。同じ例で、ＸＹＺ株が1株当たり60ドル

⑥こうしてインフレが起こる

現金＋信用↑＝経済↑

⑦デフレのメカニズムは

現金＋信用↓＝経済↓

に下がるのではなく、100ドルから150ドルに上がったとしよう。投資会社はマージンコールを出す。これは、トレーダーが借りた10株を返さなければならないことを意味する。

そうなると、突如として、この株を空売りしていた他のトレーダーもみんなXYZ株を返すために買い戻さなければならなくなる。空売りしていた大勢のトレーダーがXYZ株を買い始めると、株価はどんどん上がり、150ドルから160ドル、170ドルと上昇する。これが株のショートスクイーズだ。株の価格は下がると思っていたトレーダーたちが、締《スクイーズ》めつけられ、自ら株価を引き上げることになる。

●経済を締めつける

ショートスクイーズは、貸手が債務者に現金の返済を突然要求すれば、米ドルでも起こる可能性がある。先に挙げた夫婦は、ショートスクイーズにつかまったと言えるだろう。現金が不足し、過剰な借金があるからだ。追いつめられたため、大きな損失を出しながらも高級車を手放さざるを得なかった。時が経って預貯金が少なくなってくれば、大損をしても別荘を売らなければならないほど追いつめられるかもしれない。

信用市場が下落すれば、この夫婦のように、金持ちに見えたのにある日突然貧乏になる人が何百万人に増えるかもしれない。そうなればドルの貸出利率が引き上げられ、ドルの価値も上がる可能性がある。つまり、デフレが起こることになる。

私は米国経済がショートスクイーズにつかまることを望んでいないし、信用バブルが崩壊しないことを願っている。デフレはよくないし、インフレのほうがデフレより解消しやすい。

●賢いお金を投資する

デフレについての私の懸念は、次頁の方程式で表すことができる（図⑧）。信用バブルが崩壊すれば、信用が消えるだけでなく、人々は消費をやめ、できるだけ貯金をしようとして、預金高が上昇する。お金は経済の燃料なので、信用がなくなってお金がどこかに隠れてしまったら、経済は減速し、景気後退に入るか、さらに深刻な不況になるかもしれない。この場合、物価は上昇するのではなく下落し、現金が王者となる。

もちろん私はこのようなことが起こらないでほしいと思っている。だが、今日の市場に明らかな方向性がないことを考えれば、2007年の賢い投資方法は、高金利の借金をいくらか返済し、予備の現金を少し貯めておいて、お買い得な投資があらわれるのを待つことかもしれない。現金のショートスクイーズが起こったとしても、長くは続かないと私は思っている。連邦準備銀行が市場にもっと通貨を供給すれば、ドルは再び下降を始めるだろう。

最後に言いたいのは、現在における最も賢い投資は、お金ではなく時間の投資かもしれないということだ。つまり、勉強し、本を読み、セミナーに行くことに時間を投資するのだ。今は高いが、将来的には安くなる可能性のある種類の資産について勉強することをお勧めする。不動産の購入を考えているなら、価格が高いうちに不動産の勉強をすることだ。

そうすれば、もし将来、市場が暴落した時には、買う準備ができていることになる。


（2007年3月5日）

⑧デフレが起こると経済は減速する

現金↓＋信用↓＝経済↓

第40回 スローモーション・クラッシュ

私の著書『金持ち父さんの予言』が２００２年に刊行されたとき、経済紙や金融誌のほとんどが、この本のことをこっぴどくこきおろした。私が、迫り来る株式市場の暴落について論じていたからだ。だが皮肉にも、この本の中で私が予測したことの大部分は、私が予想していた以上に早く現実のものになりつつある。

今年の２月27日に起こった中国市場の９％にも及ぶ急落で、世界中の株式市場に恐怖の波紋が広がった。米国ではダウが１日で４１６ポイントも下げたが、これは２００１年９月11日の同時多発テロ後に市場が再開されて以来の大きな下落だった。

株式投資家としてはこの事態を心配すべきだろうか？　この問いに対して「イエス」と言う者もいれば「ノー」と言う者もいるのは意外なことではない。

●調整？　暴落？

私個人としては、自分が引退後の生活や子どもの学費のために株式市場を当てにしていたとしたら、大いに心配するだろう。なぜかと言えば、私の見方では、たとえダウ平均株価が奇跡的に１万５０００ドル以上に急騰したとしても、株式市場は何年も前から長くゆったりとした暴落を続けているからだ。

今年の２月、投資家たちは米国の市場価値が５８３０億ドルも下落する場面を目撃した。多くの専門家は、この程度の富の消失など、株式市場が４年間上昇を続けてきたことを考えれば何でもないと急いで指摘した。そして大部分の市場専門家は、市場が調整の時期に入ったのだと言っている。これは正しい。

事実、最近起こった3・5％の下げは、1987年にS&P500種株価指数が1987年に21％も下落したことに比べれば、わずかなものにすぎない。調整局面の定義に照らせば、これくらいの小幅な下降は、本物の調整ですらない。ビジネスウィーク誌によれば、「本格的な調整」とは10％の下落、「下げ相場」とは20％の下落ということだ。

●リンゴとオレンジを比較する

では、今も上昇を続ける市場がそれでも暴落しているのはなぜだろうか。本物の暴落を見抜くためには、教育のある投資家は、リンゴとリンゴではなくリンゴとオレンジを比べなければならない。

ダウとダウ、S&P500とS&P500を比較するのは、リンゴとリンゴを比べることだ。ダウが9000のときより、ダウが1万2000のときのほうが良いように思える。リンゴの値段を比べるのと同じだ。実際には1ポンド当たりのリンゴの値段が変わっただけで、リンゴとリンゴとを比べていることには変わりがない。

何年も前に金持ち父さんは私に、とくに投資に関しては、比較調査してから買いなさいと教えた。彼はこう言っていた。「値段よりも価値を見なければならない。何かの値段が上がったからといって、その価値が上がったとは限らない」

金持ち父さんはまた、「価値が上昇していないのに価格が上がるということは、何かの価値が下がったことを意味する」と説明した。これは株式、債券、不動産を含め、あらゆる資産について言えることだ。

例えば、ある住宅の価格が上がることは、その住宅の価値が増大したことを意味するわけではない。そして価格が上がることは、他の何かの価値が下がっていることを意味している場合がある。今、世界の市場で下がっているもの……それは米ドルの購買力だ。

●ダウvs.金

相対的な価値を知るためには、ダウと金相場を比べてみればいい。金の購買力をダウの購買力と比較すると、ダウは暴落しているように見えてくる。

これはつまり、平均的な投資家は、米ドルの購買力の低下に追いつくだけでも、株式や投資信託で年間に最低でも15%のリターンを得なければならないことを意味している。それでやっと損を出さないですむ。

以前、私は歴史を振り返り、ドル、金相場、原油価格の10年間の変動を比較することによって将来を予測した。これがその時に使ったデータだ。

	1996	2006	上昇率(%)
原油価格	$10/バレル	$60/バレル	500
金相場	$275/オンス	$600/オンス	118

(データ更新日 2007年3月21日)

●次のステップは？

これをどう判断するかは、強気の予測をしているか、あるいは弱気の予測をしているかによって、そしてまた、あなたのファイナンシャル教育やお金にかかわる経験によって変わってくる。例えば、最近の若い人たちが、「不動産の価格は下がらない」と言っているのをよく耳にする。これは、お金に関する教育や経験の不足による認識の甘さがわかる意見だと思う。ドットコム・バブルが崩壊する直前にも、同じような誤った認識に基づいた意見をよく聞いたものだ。

私自身といえば、景気後退が到来する可能性があると警告した、グリーンスパン元連邦準備制度理事会

（ＦＲＢ）議長の言葉に気をつけている。そして、もし景気後退が起これば、現議長のベン・バーナンキ（そして、ホワイトハウスにしがみつこうとしている共和党）は、もっと大量のお金をさらに低い金利で市場に投入するだろうと私は予測している。

そうなればドルの購買力はまたもや下落し、資産の価格は上昇するかもしれない。そして、金融についての知識がない人々は、住宅、株式、投資信託といった自分の資産の価値が上昇したと錯覚するだろう。

最後になったが、金相場、銀相場について情報を提供してくれている、頼りになる友人マイク・マローニーに感謝する。

（２００７年３月19日）

第41回 金持ちマインドで節税する

税金のシーズンになると、税金に関するアドバイスが巷にあふれる。残念ながら、そのほとんどが取るに足らないつまらないものだ。

なぜそんなことを言うかといえば、たいていの人は自分のためにお金を働かせるのではなく、お金のために働いているからだ。お金のために働くことの問題は、収入が上がるにつれて税金の額も上がることだ。実際、税法上W-2というカテゴリーにあてはまる一般従業員の収入が6万5000ドルを超えると、代替ミニマム税制度（AMT）により二重課税される可能性もある。

一生懸命に働いて増やした収入を高くなった税金で減らすのは、たとえ一部を退職金積み立て口座に入れることができたとしても、ファイナンシャル・インテリジェンスの高いやり方とは言えない。反対に、自分のためにお金を働かせれば、収入に対する税金の額は少なくなるか、ゼロになる。

●より良いファイナンシャル・アドバイス

最近、朝の人気テレビ番組で、パーソナル・ファイナンスの専門家が、申告税額の半分をIRA（個人退職年金）に入れることを勧めていた。彼女は、それは（平均的な人の場合）40年間で何と2万5000ドルもの利益をもたらしてくれるかもしれませんよと主張していた。

このアドバイスの問題点は、その40年の間にはおそらくドルの購買力が下がること、つまりはインフレを考慮していないことにある。私の予測では、その40年間で、2万5000ドルの購買力は現在の250ドルくらいにまで下がる。年を取ってから250ドルで暮らすことを楽しみにできるだろうか。

どんな人が税金を支払い、どんな人が(合法的に)税金を支払っていないかについて、みんなに知らせたほうがいいと私は思う。税金を最低限に抑えるか、税金を払うことを(繰り返しになるが、合法的に)回避できれば、幸運を祈りながら40年間待つのでなく、今すぐにもっとたくさんのお金が得られるのだ。

●金持ちのルールでゲームをする

何年も前、金持ち父さんは、「税金についてのルールは、金持ちが作っている」と言った。また、「金持ちになりたいなら、金持ちのルールでゲームをしなければならない」とも言っていた。お金のルールは、金持ちには有利に働き、労働者や中流階級にとって不利になるようになっている。最終的には誰かが税金を払わなければならないからだ。

金持ちがたくさんのお金を得ながら税金をほとんど、あるいはまったく払わない方法はいくつもあり、誰でもその方法を使うことができる。私が金持ちのルールでゲームをして税金を最低限に抑えた実例をいくつか紹介しよう。

・2004年…妻のキムと私は、アリゾナ州スコッツデールにあるマンション10戸を購入するために10万ドルの頭金を支払った。開発業者は私たちに年間2万ドルを支払って、この10戸をモデルルームとして使うことを決めたため、私たちは支払った現金に対して20%のリターンを得ることができて、税金はほとんどかからなかった。なぜならこの収入は、建物とモデルルームに使用された家具の減価償却と相殺されたからだ。実際には利益を得ているにもかかわらず、数字の上では損をしているように見えた。

・2005年…不動産市場が加熱したため、380戸のマンションは早々に完売した。私たちが所有する10

戸のモデルルームが最後に売れた。1戸当たり約10万ドルのキャピタルゲインを得た。私たちは内国歳入法第1031条に基づく不動産交換への課税の繰延べ（物件売却後、一定期間内に次の物件を購入することで、投資物件を売却して得たキャピタルゲインにかかる税金の支払いを先送りできる税法上の手段）を利用して、100万ドルのキャピタルゲインに対する税金を合法的にゼロにした。

・2005年…このお金を私たちはアリゾナ州ツーソンにある350戸のマンションに投資した。この建物は管理が悪く、良い賃借人を追い出した悪い賃借人でいっぱいになっていた。設備も修繕しなければならなかった。私たちは改築ローンを利用し、建物を一時的に封鎖して悪い賃借人を退去させた。改築が終了すると、良い賃借人を入れて家賃を引き上げた。

・2007年…家賃が上がったため、物件は再評価され、私たちはこの資産を担保に借金をした。それによって1200万ドルの資金を入手したが、これはローンなので税金はかからない。しかも、ローンの返済は賃借人がしてくれる。ローンの返済額を差し引いても、この物件は年間約10万ドルのプラスのキャッシュフローを生んでいる。

現在、キムと私は、不動産市場が熱くなっているアリゾナ州フラッグスタッフにある350戸のマンションに120万ドルの新たな投資をしている。

●お金は止めておかずに動かそう

これは「お金のスピード」と呼ばれる投資戦略の一例だ。前にも書いたとおり、たいていのファイナンシャル・アドバイザーが勧めているように現金や債券、株式、投資信託などに入れたままにするより、お金を動かすほうが理に適っている。

キムと私は、いつでもこのようなシナリオをいくつも同時に進めている。毎月潤沢なキャッシュフローがあり、これを再投資しているが、課税されるのを待つだけの流動現金を手元に置くことはほとんどない。

上記の例では、別の投資から得て課税が繰延べされた10万ドルを元手に始めた。この10万ドルは後に、課税されない2000万ドルの現金を銀行から借りることを可能にした。たいていのファイナンシャル・アドバイザーが勧めるようにどこかにお金を入れたままにしておいた場合、2000万ドルのお金を貯めるのにどれくらいの時間がかかるだろうか？

●税金をコツコツ削る

金持ちがますます金持ちになる明らかな理由の1つは、税金をほとんど、あるいはまったく支払わずにたくさんのお金を稼いでいることだ。税金のかからない銀行のお金を使ってますます金持ちになる方法を彼らは知っている。

これは誰にでもできることだ。例えば、私たちはマンションを売却してキャピタルゲイン税を払う代わりに、税金を繰延べしてキャピタルゲインを別の物件に投資できる法律を利用した。この物件が生むキャッシュフローが私たちのポケットに入る時の税率は低い。社会保障税や自営業者税はないし、物件の減価償却によって税率がさらに引き下げられるからだ。

一方、貧乏な人や中流の人は、お金のために一生懸命働き、収入が増えれば増えるほど税金をたくさん支払い、さらには稼いだお金を預金や年金口座に入れたままにする。そして引退まではキャッシュフローがほとんど、あるいはまったく得られず、ようやく引退した時にはわずかな貯蓄で暮らすことになる。

それよりも金持ちのルールでゲームをして、収入を増やしながら税金を減らしたほうが理に適っていると は思わないだろうか？

（2007年4月2日）

第42回 サブプライム問題という大惨事を乗り切る

住宅ローン業界のサブプライムローンをめぐる大混乱は誰もが知っている。これは悪いニュースだ。だが、これには別の側面もある。信用度の低い借り手に高い金利で融資するサブプライム市場は惨事に見舞われているが、銀行は、優良な不動産に投資する信頼できる投資家にお金を貸すことをやめてはいない。

●サブプライム市場はいかにしてダメになったか

実際的な知識のある投資家は、不動産市場の暴落を恐れて震えているのではなく、サブプライム問題の大惨事がどのようにして起こり、どうすればそこから利益が得られるかを考えなければならない。この問題の原因をいくつか挙げてみよう。

1．2001年の初め、株式市場の暴落を受け、連邦準備制度理事会（FRB）のアラン・グリーンスパン議長（当時）は短期金利を1％に引き下げた。それによって、株式市場が息を吹き返すかわりに、不動産市場が花開いた。

2．例えば、一般の人々から401kの拠出金を集めていた人たち、つまり年金基金のファンドマネジャーたちは、株式市場や債券市場より高いリターンが必要だったため、ヘッジファンドやプライベートエクイティ・ファンド、大手住宅ローン会社にお金を貸し始めた。
言い換えれば、あなたが老後のための蓄えを預けた人たちが、もっと高いリターンを得ようとして、リスクの高いベンチャーに投資するようになったということだ。

3. 中国や他の国々が、アメリカの国家債務や戦争、市民のライフスタイルなどにお金を出すようになった。海外の投資家たちは、私たちが投資をしたり、彼らの製品を買ったりするためのお金を貸してくれた。

4. これによって5つのタイプの愚かな投資家、あるいは洗練されていない投資家が登場し、彼らが不動産物件の価格を引き上げ、サブプライムローンのバブルとその後のバブル崩壊を生んだ。

●「ユージュアル・サスペクツ（おなじみの容疑者たち）」

この5つのタイプの投資家の典型的な例を以下に挙げよう（名前は変えてあるが、私が実際に会った人たちだ）。

1. ジョン&サリー：初めての家を買ったカップル

新婚のジョンとサリーは、低金利と緩和されたローン審査基準で、環境の悪い住宅地にある新築の家を高騰した価格で購入した。そして125%のローンを組み、将来的に得る収入の大部分を売り渡した。余った資金で彼らはプールを造り、新しい家具を買った。1年後、最初の子どもが誕生した頃、家の資産価値が下がった。

2. ジョーイ&スージー：クレジットカード乱用者

この人たちは、自分の家をATM（現金自動預け払い機）のように使う。ジョーイとスージーはカードの返済に困るたびに、住宅ローンの借り換えをしてクレジットカードの返済をした。彼らは、短期の借金を返す代わりに生涯続く借金をしているのと同じだ。

3．エド&メアリー：ヒナが巣立った親鳥たち

ベビーブーム世代のエドとメアリーは、子どもがすでに家を出て大学に行っていた。余ったお金を使い、夫妻は投資目的で別荘を買った。自分たちの住む家を担保に別荘を買い、今では2つの住宅ローンの返済をしなければならない。2人は、自分の家は資産であり、不動産の価値は上がり続けると思い込んでいたが、これは間違いだ。

4．ジャック&ジャニス：大きいことはいいことだ

ジャックとジャニスは、自分たちの住む地域で起こった地価の高騰に驚き、自宅を売って、もっと高級な住宅地にさらに大きな家を買った。そして今、2人は自分たちの（あるいは近所の人たちと同じ）生活レベルを維持するために四苦八苦している。

5．フレッド&フィリス：フリッパーズ（転売派）

2人は新米の投資家で、不動産の転売こそが富への道だと信じていた。フレッドとフィリスは不動産市場の下降期を体験したことがなかった。不動産バブル以前、彼らはIT株のデイトレードをしていた。

2003年、2人は不動産の「エキスパート」になった。不動産の価格は上がり続けると信じた彼らは、俗に「うそつき向けローン（liar loan）」と呼ばれる融資を提供する住宅ローンのブローカーを見つけ、それで10戸の物件を頭金ゼロで購入した。

問題は、フレッドとフィリスが投資した開発プロジェクトはまだ竣工しておらず、工期の遅れが発生したことだ。10戸の住宅を売るわずらわしさを嫌った2人は完全に手を引き、今はそれぞれの職場に戻っている。

●安物を高価な物に換えることはできない

それでは不動産は悪い投資なのだろうか？　もちろんそうではない。株式市場が暴落したからといって株式が悪い投資ではないのと同じだ。以上の例から浮かび上がってくるのは、大衆の愚かさと市場の狂気だ。

実は、今は不動産投資家にとって最高の時代だ。現在、多くの市場で不動産価格は下がり続けている。おまけに金利は低い。つまり、サブプライムローンの問題は、売り手にとっては悪いニュースだが、買い手にとっては良いニュースなのだ。

いつものように、政府が介入するべきだと主張する声も大きい。だがそこからは、強欲や愚かさ、浅はかさに対する法律をどのように可決・施行したらよいかという疑問が沸き起こってくる。現実問題として、サブプライムローンがなくなることはない。いつの時代もそうだが、信用力がない人、強欲な人や非常に愚かな人でさえ、借りる資格も返す能力もない借金をする方法は見つかるだろう。

私の考えは間違っているだろうか？　今夜のテレビでも、サブプライム問題についてのニュースのすぐあとに、２００９年までローンの返済をせずに今すぐ家具を買いましょうと、マイホーム所有者に勧めるコマーシャルが流れた。これ以上、私が何か言う必要もないだろう。

●自動車の接触事故か、列車の衝突事故か

今年3月、アラン・グリーンスパン前ＦＲＢ議長は、２００７年に米国が景気後退に陥る可能性があるという警告を世界に発した。サブプライム問題の混乱が今後も拡大し、信用が枯渇すれば、これは現実のものになるかもしれない。この景気後退が、終わりの見えないイラク戦争や国家債務、ベビーブーム世代の大量退職の問題と重なれば、アメリカと世界の経済は深刻な打撃を受けるだろう。

だから皆さんには、自分の経済状態を改善し、できるだけたくさんの資金をできるだけ早く確保することをお勧めする。良いニュースは、お買い得物件が大量に出回ってくるだろうということだ。現金があれば、

本物の資産や、宝石や美術品、高級車、大きな家など、見栄えのいい負債を割安価格で買えるだろう。

残念ながら、景気後退に入って最も大きな打撃を受けるのは、金持ちではなく、金持ちになりたがっている人や貧乏な人だ。貧乏な人は、たとえ勤勉で悪くない信用度といくらかの現金を持っていても、これまで以上にローンを利用することが難しくなるだろう。借金ばかりたくさんある金持ちになりたがっている人は、家や派手な宝飾品を、破産管財品の競売、中古品店、ガレージセール、不用品交換会などに寄付することになるだろう。

サブプライム問題の大混乱は、経済という名の駐車場で起こった接触事故に過ぎないと言う専門家やコメンテーターは多い。その一方で、これは危険を知らせる衝突寸前の列車のヘッドライトだと言う者もいる。どちらにしても、割安の商品を探す投資家にとっては、本物の富を増やすためのまたとないチャンスになるだろう。

（2007年4月16日）

第43回 投資信託という名の宝くじ

何週間か前、公認会計士でビジネスオーナーのトム・ホイールライトと、なぜ人は宝くじを買うのかという話をした。宝くじと投資信託を比較した彼の話が興味深かったので、ここで紹介しようと思う。

トムは投資アドバイザーではないし、投資アドバイザーを名のったこともないが、クライアントはいつも彼に、引退の準備のためにどうすればいいかと相談しにくる。彼らの質問はこうだ。「確定拠出型年金401kの拠出金を、限度額いっぱいまで引き上げるべきでしょうか？」、「IRA（個人退職年金口座）を開設するべきでしょうか？ それとも利益分配型の商品や年金プランにもっとお金を入れるべきでしょうか？」

トムによれば、世間で思われているのとは逆に、これらはいずれも賢明な投資ではない。このテーマについての彼の考えを、これから彼自身の言葉でお伝えしよう。

●確率のゲーム

401kやIRAにはさまざまな問題があるが、そのひとつは、投資家が自分でほとんどコントロールできない投資にお金を注ぎ込むことだ。これらの年金に加入した人のほとんどは投資信託を第一の投資手段にすることになるが、宝くじを買ったほうがまだ勝率は高い。

誰かが自分の退職用の資金を勝つ見込みがほとんどない政府主催の確率ゲームに注ぎ込むと聞けば、正気の沙汰ではないと思うだろう。だが何百万もの人が、そのわずかな可能性にかけて宝くじを買っている。注ぎ込んだお金を失ってしまう可能性がこれほど高いのに宝くじを買うとは、分別のある人がすることだろうか？

だが投資信託についても同じことが言えないだろうか。考えてみれば、これも勝つ可能性がほとんどない政府主催の制度なのだ。だから、401kまたはIRAを通じて投資信託に投資し、その利益で引退資金を確保できる可能性もあまり高くはない。

●税金のジレンマ

ある時ラジオを聴いていたら、インタビュアーが大手投資信託の代表者に、ファンドの実績について聞いていた。その代表者は、ここ2年間はファンドの価値が年平均20％上昇していると答えた。だが、ファンドの平均的な投資者の平均的なリターンについてインタビュアーが聞くと、平均的な投資家は年2％の損をしていると代表者は答えた。これはなぜだろうか？ 市場の動きは予測できないからだ。これに対して宝くじは、勝率も、賞金の額も、あらかじめわかっている。

次に、401kやIRAに拠出した場合に受けられる税制上の優遇策について考えてみよう。まだ若くて税率区分が比較的低い時に税控除を受け、年を取って引退し、おそらくは税率区分が高くなっている時に引き出したお金に課税されることが、得だと言えるだろうか？

さらに、401kやIRAに加入していない場合にキャピタルゲインや配当にかかる税率と、401kまたはIRAから引き出した時の利益に課せられる所得税率の違いについても考えてみよう。

●ギャンブルはギャンブルでしかない

それなら、401kやIRAと無関係に投資信託に投資すべきなのだろうか？ この質問の答えもノーだ。投資信託は、ファンドマネジャーが取引をした時、投資家はその利益を見ることがないにもかかわらず、キャピタルゲイン税を課せられる。たとえファンドの価値が下がっても、税金を払わなければならない。

もうひとつ考えるべきことがある。税金で払ったお金を他の投資に入れることができなかったために失われた投資の機会、すなわち機会損失についてはどうだろう？　少なくとも宝くじなら、勝った場合にどれくらい税金を払うかがわかるし、勝たなければ税金を払う必要はない。

次のように反論する人がいるかもしれない。「でも宝くじはギャンブルじゃないか！　勝つか負けるかをコントロールすることもできない！」確かに宝くじはギャンブルだ。だが投資信託も同じことだ。あなたもファンドマネジャーも、株式市場をコントロールできない。市場が下落すれば、ファンドも同じ運命をたどる。

●大当たりはない

宝くじを買う人は、少なくともそれがギャンブルであることを自覚しているものだ。それに、政府も金融機関も雇用主も、宝くじが良い投資だなどとは言わない。宝くじを買うお金を、４０１ｋの場合のように雇用主があなたの給料の中から拠出金として支払うこともない。

それでも、投資信託のほうが宝くじより利益が得られる確率は高いだろうと思う人もいるかもしれない。だが必ずしもそうではない。投資したお金をすべて失う確率は投資信託のほうが宝くじより低いかもしれないが、投資信託には宝くじのような大当たりはない。

実際、投資信託という商品は、「バランスのとれたポートフォリオ」を作ることによってリターンを最小限に抑える仕組みになっている。市場自体のリスクを最小限に抑えることができるなら、それでもいいのかもしれない。だが問題は、リスクを最小限に抑えるためには高度なヘッジ戦略が必要であって、そのような戦略は一般の投資信託では用いられていないことだ。

少なくとも宝くじなら、大金を勝ち取る可能性があるし、自分が寝ている間に東京市場で何かが起こったために、明日の朝には勝率が下がっているのではないかと心配して眠れなくなることもない。

●引退を実現するために

宝くじに払うお金の大部分が政府による計画の運営に使われることが気に入らないという人は、投資信託の利益の大部分が投資アドバイザーやファンドマネジャーの退職資金に使われることを知っておくべきだ。

すべてのリスクを負うのも、資本を提供するのもあなただが、ほとんどの利益はファンドマネジャーや投資アドバイザーのポケットに入る。宝くじの収益は、学校や芸術など有意義な目的のために使われる。となると、どちらがいいだろうか？

もちろん、引退のための資金を確保する目的で宝くじを買おうなどと私がクライアントに勧めることはないが、そのために投資信託に投資しなさいと勧めることもない。私なら、宝くじを勝ったほうがずっと楽しいと思う。少なくともギャンブルだということが最初からわかっているのだから。

本当に引退を実現したいなら、他の投資を探し、あなたが金持ちになって引退できるように、時間をかけてサポートしてくれる人を見つけたほうがいい。経済的自由を手に入れられるのは、そのために学び、努力する人々だ。投資信託のようなリスクの多い投資戦略に頼ろうとする人が、経済的自由を手に入れられる可能性はとても少ない。

（２００７年４月30日）

第44回 魔法の方程式を見つける

「すばらしい投資はどうすれば見つかりますか?」と聞かれることが多い。そういうときはたいてい、次のように答えることにしている。「そんな投資を見つけられるように頭脳を鍛えることです。すばらしい投資は、そこらじゅうに転がっていますよ」

これが、相手が満足するような答えでないことはわかっている。たいていの人は、もっと具体的で明確な答えを求めている。だが、これ以上正確な答えは出せない。ここ10年に限っても、すばらしい投資を全部見つけることができていたなら、みんなが億万長者になっているはずだ。

●富を手に入れるチャンスを逃す

ここ10年くらい、金持ちになるチャンスがたくさんあった時代はない。そしてこの先の10年には、さらに多くのチャンスが待ち受けている。

その理由を説明しよう。多くの投資家がそうであったように、私は10年近く前にイーベイの可能性を見抜くことができなかった。見抜いていたら、今ごろ億万長者になっていただろう。さらに、ユーチューブやグーグル、マイスペースの可能性も見抜くことができなかった。私は年を取っていて、サイバースペースの中にある投資の機会を見分けられるように頭脳がきたえられていない。だからすべて見逃してしまった。

30年前、ゼロックス社で仕事を始めたばかりのころ、新しいコンピュータを見せてもらった。そのころの私は、コンピュータに注目していなかったので、自分の見ているものが後にアップルコンピュータとなるものの初期の機種だということなど知る由もなかった。だからこの時も億万長者になるチャンスを逃した。億万長者になる機会を、いったい何回逃したことだろう。もしかしたら数百万回かもしれない。

百万長者や億万長者になるチャンスをこれほど見逃してきた私が、ヤフーファイナンスのコラムを書いているのはなぜだろうか。いい質問だ。それは、あなたがすばらしい投資を見つけるのを手助けしたいからだ。

●忍耐が成功をもたらす

1974年に私は、ホノルルで初めて不動産投資セミナーを受講した。受講料は385ドルで、2日か3日に及ぶセミナーだったと記憶している。プログラムが終わりに近づいたときに講師が言ったある言葉が、いまでも忘れられないものとなった。「良い不動産投資と悪い不動産投資の違いがわかりましたね。これでみなさんも、どんな投資を探すべきかわかったはずです」

彼はちょっと言葉を切ってから、こう続けた。「問題は、そんな投資は存在しないとたいていの人が言うことです。あなたの友達も、不動産業者もそう言うでしょう」まったくそのとおりだった。それから数か月、私は投資物件を探して不動産業者を回った。講師の言ったとおり、不動産業者はみんな、私が探しているような物件は無いと言った。友人やゼロックス社の同僚も口々に同じことを言った。みんな、私が夢を見ているかマリファナでも吸っているのだろうと言った。

だがついに、ワイキキのダウンタウンにある小さな目立たない不動産屋で出会ったみすぼらしい男が、「ご希望どおりの物件があります」と言った。次の週末、私は飛行機に乗ってマウイ島へ向かった。そこには一棟丸ごと差し押さえになって競売にかけられたマンションがあった。

私は初めての不動産を1万8000ドルで購入し、2000ドルの頭金をクレジットカードで支払った。私が買ったベッドルーム1部屋、バスルーム1つのマンションは、経費とローンの返済を引いたあとでも私にプラスのキャッシュフローをもたらしてくれた。ここから私の投資家としてのキャリアが始まった。さらに重要なのは、たいていの人には見えないものを見られるように、自分の頭脳をきたえ始めたことだ。受講料385ドルの不動産投資セミナーのおかげで、その後私は何百万ドルもの利益を得ることになった。

●心を開いた状態にしておくこと

先月の確定申告の時期に、「金持ちマインドで節税する」というコラムを書いた。「お金のスピード」と呼ばれる投資戦略や、その戦略を使って私が多くの利益を得ていること、そして税法を合法的に利用して支払う税金を最小限に抑えていることについて説明した。このコラムはいくらか物議をかもすだろうと予想していたが、やはりその通りになった。

それからの2、3週間、私は読者の反応をチェックした。あまり肯定的でないコメントの中には、1974年当時に私が不動産業者やゼロックス社の同僚に言われたことを彷彿とさせるものもあった。

私たちの頭脳は、最高の資産にもなり、最大の負債にもなる。さっきも言ったが、テクノロジー分野の投資機会を前にすると、私の頭脳は負債となる。どうしても理解できない。不動産や金相場、原油や銀の投資機会となると、すごい目利きというわけではないが、私の頭脳は平均以上の資産になる。それというのも、こういう分野のチャンスを見分けられるように頭脳をきたえた結果だ。

だから、私のアドバイスに偏見を持つ（あるいは意地悪な目で見る）読者を批判するよりも、先入観を捨てて心を開き、ふつうの人なら見落とすような投資を見つけられるように、自分なりの方法を探すことをお勧めしたい。そうやって人は金持ちになるからだ。心を開いて新しい戦略を受け入れようとしない人々が、金持ちになれることはめったにない。だから世間には、金持ちより批評家が多いのかもしれない。

●あなた自身の魔法の方程式を見つける

金持ち父さんの最も重要な教えの1つは、「そんなことはできない」とか「それを買うお金はない」という言葉を口にするなということだった。そういう考え方は自分の可能性を限定するし、限られた考えで行動しても、すばらしい投資のチャンスを見つけるのは難しい。今の世の中にはかつてないほどたくさんの投資機会がある。世の中には無限の可能性があるのに、自分が得る利益を限定したいと思う人がいるだろうか。

私がこのコラムを書いている理由の1つは、投資に関する人々の考え方を揺さぶるようなアイデアについてお話ししたいからだ。「一生懸命に働いてお金を貯め、収入の範囲内で生活し、借金から抜け出して、投資信託に分散投資しなさい」という昔からちっとも変わらないファイナンシャル・プランナーの教えに従いたいと思う人には、このコラムは向かないだろう。

私の仕事は、あなたの思考を刺激し、なぜ金持ちがますます金持ちになるかについて知識を提供し、あなたが魔法のお金の方程式を見つけられるように応援することだ。私は自分の魔法の方程式を見つけた。あなたにも自分に合った方程式を見つけてほしい。


（2007年5月11日）

第45回 新鮮なビジネスアイデアを持ち続ける

時として、人生は不公平なものだ。

1960年代、私が大人になりつつあったころ、両親は私にこう言った。「自分より年上の人の言うことをよく聞きなさい。そういう人たちの知恵には敬意を払うようにすることだ。お前が年をとったら、今度は若い者たちがお前の言うことを聞いてくれるようになる」だから私は、両親の言うことを聞いて育ち、年長者の知恵を尊重するようにしていた。

だが今では、それとは逆の考え方になっている。私の年代の人々は、自分より若い人の言うことを聞き、彼らの知恵に敬意を払う必要がある。

●古い時代のアイデア

ビジネスにおいては、他より新鮮なアイデアがあるかどうかが成功のカギを握っていることが多い。今、年齢を問わずあらゆる人がビジネスに行き詰っている。彼らのアイデアが、ただ古いというだけでなく時代遅れになっているからだ。

「古いアイデア」の1つの例が、昔ながらの「職業（job）」についての考え方だ。「職業」は、何世紀も前の産業革命時代に作られた概念だ。世の中はすでに情報時代になっているのに、多くの人々が、産業革命時代の安全安心な「職業」という考え方にしがみついて、職に就くために勉強したり、従業員となって働いたりしている。

そして今では、失業者が増えるだけではすまなくなっている。雇用が外国に流出したり、世の中から完全に消え去ったりしている。エコノミストで元連邦準備制度理事会副議長のアラン・ブラインダーが言っている通りだ。「新しい産業革命、すなわちサービスを遠くから電子的に提供することを可能にした情報通信技術によって、最大4000万ものアメリカの雇用が、今後10年ほどの間に海外に流出する危険にさらされるだろう」これは、いま米国国内の製造業で働いている労働者の数の2倍に相当する。

このような衝撃的な数字にもかかわらず、アメリカの学校はいまだに子供たちに職に就くようにと教え込んでいる。「学校に行って従業員になるために勉強しなさい」とアドバイスするのは、若者に「小作人になって地主のために働きなさい」とアドバイスするのと同じくらい時代遅れだ。従業員ではなく、投資家や起業家になるように訓練すべきなのだ。

●18か月ごとに時代遅れになるもの

私が言いたいことはこういうことだ。変化の激しい時代においては、古くなって役に立たないアイデアほど危険なものはない。アマゾン・ドットコムの登場で、ボーダーズやバーンズ＆ノーブルのような従来の書店の世界がいかに変わったかを考えてみるといい。あるいは、スカイプがＡＴ＆Ｔのような巨大な通信企業を窮地に陥れていること、ナップスターがレコード業界に大打撃を与えたことを考えてみよう。こうした産業時代の企業で働く人々は、10年後にはどうなっているだろうか。

さっきも言ったように、いまは単に失業者が増えているだけではない。職業や企業そのものが消えつつある。私は、貧乏父さんのアドバイスに従って従業員になる道は選ばなかった。金持ち父さんの言うことを聞いて起業家になって良かったと思っている。

「知識は18か月ごとに倍増している」ということに気づいている人も多いだろう。これは、私たちが18か月ごとに時代遅れになってしまうということだろうか。そうかもしれない。私が個人的に感じているのは、自分のアイデアに使用期限を設定して、定期的に更新する必要があるということだ。

私と同年代の人の多くが経済的に苦境に陥っているのは、彼らが、情報時代を生き延びようとしながらも、依然、古い産業時代のアイデアを更新もせずに持ち続けているからだ。例えば、安定した職業を求めたり、老後の生活を年金に頼ろうとしたり、社会保障やメディケアを当てにしたりしている。

これは間違いだ。私自身はハイテク恐怖症だが、私の会社は、インターネットを通じて多くの利益を上げている。私の会社が生き延びてこられたのは、私が、自分より若い人々のアイデアを尊重すること、そして、自分の知恵が古くて役に立たなくなったときには、それを素直に認めることを学んだからだ。

●いつの世でも変わらないビジネスアイデア

ビジネスにおいては、日々すたれていくアイデアも多いが、いつの時代にも大切な永遠のアイデアもある。そのいくつかを紹介しよう。

1. 自分の製品やブランドが象徴するものに対して情熱を持つこと。リーダーが情熱を失ったり、その情熱の対象が金儲けだけになったりすると、ブランドは死に絶えてしまう。
2. コミュニティーを作る。優れた起業家はコミュニティー作りの名人でもある。そして、コミュニティーに積極的にかかわり、その幸福度を向上させることに打ち込んでいる。あなたがコミュニティーのために尽くせば、コミュニティーもあなたに尽くしてくれる。
3. 明確なコミュニケーションを心がけること。顧客にわかる言葉で話そう。相手より頭が良いように見せようとして、専門用語を多用してけむに巻くようなまねをしてはいけない。
4. ありのままを話し、まやかしを言わないこと。ビジネスの世界には、お金を儲けるためならどんなことでも言う人が多すぎる。

5. 自然体でいこう。「わかりません」や「手伝ってくれませんか」と言うのを恐れないこと。優れたリーダーのためなら、だれもが喜んでビジネスを築く手伝いをしてくれる。

今の時代、誰の言うことに耳を傾けるかが、かつてないほど重要になっている。自分より年齢が上だからといって、その人のほうが知恵があるとは限らない。そのアイデアが昨日は役に立ったとしても、明日には時代遅れになっているかもしれないのだ。

（2007年5月24日）

第46回 投資という食物連鎖

最近大きな反響を呼んだ私のコラム「投資信託という名の宝くじ」は、私1人で書いたものではない。大部分は、友人の公認会計士で信頼できる税務アドバイザーでもあるトム・ホイールライトと書いたものだ。

そのコラムはユーモアを交えて書かれたものだったが、投資信託を中心に組み込んだ年金積立プランがいかに危険なものかということについては、トムが正しく説明していた。予想通り、読者の反応は賛否両論に分かれた。ユーモアが理解できなかった人もいた。彼の説明をあまりにも極論だとして、教訓を学ぶことができなかったのだ。

●笑えない教訓

明らかなことだが、宝くじは負け犬のためのものであり、カジノはギャンブラーのためのものであり、投資信託は夢見る人のためのものだ。優良なものもあるにはあるが、大抵の場合、投資信託で金持ちになるのは投資信託会社のごく一部の幹部だけだろう。

新聞で読んで知っている人も多いと思うが、投資信託のほとんどがろくな収益も上げていないのに、ウォール街では記録的な額のボーナスが支給されている。今年3月にウォールストリートジャーナル紙に掲載された記事によると、議会がようやく401kや投資信託業界の調査を始めるという。ちょうど頃合いだ。

例の「宝くじ」コラムで、投資信託を買う投資家にとって税法は恐ろしく不利になっていることをトムが指摘した。こうした投資家は、投資信託会社だけでなく連邦政府からも搾り取られている。投資信託が好きで、あのコラムに腹を立てた読者は、是非もう一度読んで、お金に関するあまり笑えない教訓をくみ取って欲しい。

●投資の食物連鎖とは何か

私は公認会計士ではなく投資家だ。そういう立場から、私が投資信託を好まない理由はたくさんある。そのひとつは、金持ち父さんの教えからきている。金持ち父さんはこう言った。「人間は食物連鎖の頂点にいる。そして資本家は投資の食物連鎖の頂点にいる」

その意味を説明するのに、金持ち父さんは次のような図を書いた（図⑨）。図を見れば分かるように、投資信託投資の食物連鎖では、資本家が頂点にいて、労働者が一番下にいる。投資信託を買う投資家は、下から2番目のところにいる。

プロの投資家はよく、「あなたのポジションは?」と聞く。これは、「投資の食物連鎖のどこにいるのか」と聞くのと同じことだ。一般に、銀行家は第1のポジションにいたがる。資産にトラブルが発生した場合、最初に支払いを受ける立場にいたいと考えている。それが、第1のポジションにいるということ、それはつまり最初に支払いを受けられるということだ。だから、投資信託を私が好まない理由のひとつは、投資信託を買う投資家は最後の方に支払いを受ける立場にあることだ。

「エンロン」スキャンダルのときに痛手を負ったのは、銀行ではなく労働者だった。エンロンの社員は仕事を失っただけでなく、多くは年金も失った。それは、彼らが投資の食物連鎖の一番下にいたからだ。

まだ納得できないだろうか。あなたの取引銀行に、退職後の生活費を確保するために投資信託か株式に投資したいので何百万ドルか貸してほしいと聞いてみるといい。彼らはおそらく、「お断りさせていただきます」と礼儀正しく言うだろう。銀行は、最後ではなく、最初に支払いを受ける立場にいたいと考えている。

●負債の力を学ぶ

投資の食物連鎖から学ぶべきことは他にもある。1つは、株式と比べた時の負債の力だ。負債は株式よりも上位にある。銀行や債券保有者は負債のポジションにある。優先株、普通株、投資信託は株式のポジションだ。

ここで知るべきことは、ほとんどのアマチュア投資家は、負債のポジションから抜け出て、自分自身のお金や資産を投資する株式のポジションに移ろうとするということだ。プロの投資家はむしろ負債のポジションにいようとする。例えば、銀行のお金を使って投資するような立場だ。それは、負債のほうが株式よりもリスクが小さいからだ。

プロの投資家がよく使うもうひとつの用語は劣後債権だ。これには、その資産に対する債権が、より下位に位置するという意味がある。多くの住宅所有者には、二番抵当という形で劣後債権がついている。彼らがこの劣後負債の返済ができなければ、二番目の位置にいる銀行が、一番抵当を持つ銀行が支払いを受けた後に残ったものを得る。

ほとんどの住宅所有者は、リコースファイナンス、あるいはフルリコースローンと呼ばれる負債を持って

⑨投資の食物連鎖

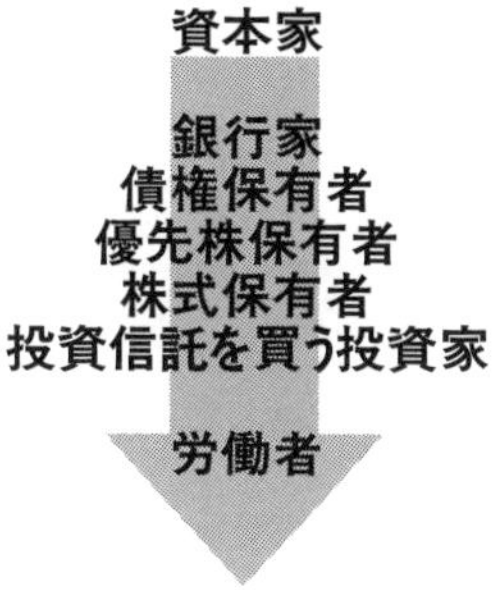

いる。プロの不動産投資家として、私はノンリコースファイナンスを要求する。

違いは何かというと、住宅所有者がリコースファイナンスをしている場合、ローンが払えなくなると、銀行は他の資産も要求できる。銀行がその家を差し押さえて処分してもローンの残高に満たない場合、銀行はその持ち主のその他の資産も要求できる。自動車、株式、債券などだ。

ノンリコースローンの場合は、銀行は担保になっている不動産のみを差し押さえることができる。借り手のそれ以外の資産は安全だ。ほとんどの銀行はそれも取ろうとするだろうけれど……。

●サブプライムローンは労働者を食い物にする

サブプライム危機も、投資の食物連鎖において大きな魚が小さな魚を食べる例の1つだ。金利が下がった時、住宅ローンのブローカーは、お金を借りることもできないような人々に対して返済できるはずのないローンを提供した。低金利と堅調な消費者需要が相まって、住宅価格は高騰し、不動産バブルが発生した。

今やバブルは崩壊し、住宅の価値は下落している。その結果、多くの小さな魚たちが自分の住宅の価値以上の住宅ローンを背負っている。ますます多くの人が自宅を手放すはめになるので、不動産市場は下がり続けるのではないかと思う。フルリコースローンを返済できない人々はすべてを失う。住宅だけでなく、その他の資産も処分しなければならなくなる。

そして、さらに恐ろしいことに、サブプライムローンのための資金の多くは、食物連鎖の一番下の部分から来ている。サブプライムローンの何十億ドルもの資金は、労働者の年金ファンドから、債務担保証券（CDO：数年前まではジャンクボンドと呼ばれていた）という立派な名前のついた投資商品を通して調達されている。

その結果、被雇用者の年金は、サブプライム債権を担保にした債券への投資によって750億ドルを失うと推計されている。労働者は自宅の価値の下落に見舞われているだけでなく、その年金までもが被害を被っている。

●比べてみよう

こうした投資の食物連鎖の話から学ぶべきことは何だろうか。

金持ち父さんは自分の息子と私に資本家になるための教育をしてくれた。そして、私たちは起業家と不動産投資家になった。自分で仕事をしながら自分のお金を株式に投資するのではなく、私たちは仕事を作り出し、銀行のお金を使って借金で投資する。貧乏父さんは私に、会社員になって年金積立プランにお金を託すことを勧めた。

簡単に言うと、1人の父は投資の食物連鎖の一番上を目指すように言ったのに対し、もう1人は一番下を目指すように言ったのだ。

ではあなたに聞こう。「あなたは食物連鎖のどこにいますか」

（2007年6月11日）

第47回 ブームは必ず終わる

不動産バブルの絶頂期に、私はバブルの崩壊を警告するコラムを書いた。その時、価格が高すぎたり問題があったりする不動産、利益を生んでいない不動産はすべて売却するよう勧めた。案の定、怒りの声が寄せられた。

今回は、次の大暴落とその原因を予測し、それがなぜ世界経済に大きな打撃を与えるかについて考えてみたい。すでにその兆候は見えている。

●暴落は暴騰に勝る

まず、市場の暴騰と暴落を予測するのは難しいことではない。どんな市場も暴騰したり暴落したりする。ただ、暴落を予測するほうがやさしい。明らかな予兆があるからだ。たとえば、人々が過剰に高揚する、簡単に資金調達できる、莫大な利益が上がる、アマチュア投資家が大挙して市場に押し寄せるといったことだ。

暴騰は予測するのがもう少し難しい。上げ相場は、たいていは静かに始まる。土の中に埋まったドングリのようなものだ。そびえ立つ樫の大木になるまで、人々はその存在に気づかない。たとえば、マイクロソフトやグーグルが実際に大企業になり、大きな利益を上げるようになるまで、それらの企業が秘めていた巨大な成長力に気づいた人はほとんどいなかった。

逆説的だが、暴落は予測がつきやすいので、暴騰より良いということになる。つまり、そのときに備える時間があるので、それを利用して利益を上げるのがそれだけ容易だということだ。

●ドルが死んだ年

いま迫りつつある暴落の原因は、じつは1971年に始まっている。その年、リチャード・ニクソン大統領がアメリカの金本位制を停止した。ドルを「お金」から「通貨」に変えた。言い換えれば、ドルを資産から負債、あるいは負債の道具に変えたのだ。その年、ドルは死んだ。

ニクソンが大統領の座を追われたあと、アメリカ経済は、フォードとカーターの両大統領のもとで不況に陥った。高いインフレ率と低い成長率が同時に続くスタグフレーションと呼ばれる状態だった。状況が変わったのは、ロナルド・レーガンが、後にレーガノミクスと呼ばれるサプライサイドの経済理論に基づく政策を採用してからだ。

レーガンは減税し、借金で支出をまかない始めた。その結果、政府の負債が増えた。政府も国民もお金を借りて消費するようになった。それが景気を刺激し、アメリカ経済は2000年まで好景気が続いた。

●負債の世界

2001年9月11日のテロ以降、経済は減速し始めた。そこで、アメリカは金利を下げ、マネーサプライを増やした。2003年と2004年に日銀は、ドルと日本経済を救済するために35兆円のマネーを作り出した。それは、アメリカに3200億ドルも貸し付けたようなものだ。おそらくそのお陰で、ドルの投げ売りは回避された。

このローンによって、アメリカの金利は低く抑えられた。コストの低い資金を大量に供給することによって、アメリカは好況を長引かせた。問題は、今や金利が上昇し始めているということだ。そして、莫大な額の負債を返済しなければならない。金利が上昇し、経済が減速すれば、大暴落が起こる可能性がある。この大暴落は、景気を刺激するために長年にわたって借金を積み上げてきた結果として起こる。

いまだかつて、世界はそのような状況を経験していない。だが、世界全体がその危険にさらされている。ニクソン大統領が1971年にとった行動によって、アメリカが事実上の帝国になったからだ。帝国として、アメリカは世界貿易のルールを勝手に決めはじめた。アメリカとビジネスしたいなら、新しい（もはや金《ゴールド》と交換できない）ドルを金として受け入れろと迫ったのだ。不幸にも、世界はアメリカの言うことを聞いた。

●ニューマネー

いまでは、中国がアメリカに製品を輸出し、アメリカは中国にドルを渡している。問題は、中国がそうして稼いだドルを消費できないことだ。もし、彼らがそれをやれば、中国の通貨である元が高くなる。なぜか。これは、単純な需要と供給の問題だ。

そこで、ドルを国内で消費するかわりに、中国はそのドルを使ってアメリカの資産、特に米国債を買っている。中国が米国債を買うので、アメリカの金利は低く抑えられている。金利が低いので、アメリカはさらにお金を借りようとする。これが不動産や株式市場のバブルの原因となっている。

中国の状況も同じくらい深刻になっている。中国は、アメリカの負債を担保にして国内のプロジェクトを進めるための資金（元）を借りている。中国経済が高成長を続け、2008年の北京オリンピックの準備が進むなか、中国は買い物で忙しい。彼らは世界にいい顔を見せたいのだ。

アメリカの負債を担保にした中国の負債を使って、彼らは世界中から天然資源を買いまくっている。その結果、天然資源の豊富なカナダやオーストラリアのような国の経済が活況を呈している。このような国の不動産市場や株式市場は熱い。

しかし、この世界的な好況は、借金の山の上に築かれている。

●見慣れたサイクル

このような好景気は初めてではない。1971年、日本はようやく第二次大戦による荒廃から立ち直り、主要経済国の仲間入りをしようとしていた。日本はアメリカに自動車やテレビを輸出していた。アメリカは輸出するよりも多く輸入していたので、日本は輸出代金をアメリカの金《ゴールド》で受け取っていた。実際、ニクソン大統領が（ドルの金交換停止によって）ドルをお金から通貨に変えた目的のひとつは、この金の流出を止めることだった。

1980年代、日本は、金《ゴールド》を使って経済成長を追求するのではなく、アメリカの負債を担保にして日本の資金を調達した。そして日本経済は高成長を続けた。ちょうどいま、中国経済が高成長を続けているように。このやり方で、日本人は天才だと見られるようになった。ビジネス書や雑誌が、日本のビジネスマネジメントの魔法について書き立てた。

しかし、1990年代の初め、好調だった日本経済は不況に突入した。株式市場は暴落し、世界で最も高価な不動産は安価になった。日本経済はいまも苦しんでいる。

●中国は日本とは違う

中国の有利な点は、日本の失敗から学んだということだ。だからこそ、中国は通貨の切り上げをかたくなに拒んでいる。日本が円を高くしたように元を高くすることを嫌がっている。

現在、元は1ドル7・6元の交換比率でドルに固定されている。この政策は、中国は不公平だというアメリカの批判を招いている。アメリカは、日本が円をドルに対して切り上げたように、中国が元の固定をやめて、ドルに対して上昇させることを望んでいる。ドルが元に対して安くなれば、中国に対する貿易赤字を減らし、借金を返済するのが楽になるからだ。

しかし中国は、日本の経験から、アメリカは中国に対して強硬な発言をすることはできても強硬な措置を取ることはできないことを知っている。中国はあまりにも大量の米国債を保有しているので、アメリカは強硬措置を取ることができない。中国が米ドルや国債を世界各地で投げ売りし始めたら、世界経済が崩壊する可能性すらある。ちょうど20年近く前に日本の経済が崩壊したように。

●新しい本位制を考える時

未来を見通すのは難しいが、ひとつだけ確かなことがある。ドルの価値は下がり続け、ドルを蓄えている人は損をするということだ。世界中の人が借金に借金を重ねて狂ったように消費しているのだから、中国人の真似をするのが一番いいのかもしれない。

中国人は決して銀行を信用せず、いつも金《ゴールド》を信頼してきた。私たちもそうするべき時なのかもしれない。

（２００７年６月25日）

第48回 自分にぴったりのビジネスパートナーを見つける方法

ビジネスに関して、これまでに私がもらった最高のアドバイスの1つに、「パートナーが良くなければ良い取引をすることはできない」というのがある。

長年にわたって多くのパートナーとビジネスをした経験から、このアドバイスは正しいと言える。そこで、良いパートナー、悪いパートナーの両方について、私の体験をお話ししよう。

●すばらしい計画でも利益なし

最初のパートナーは元公認会計士で、実にすばらしい見積書を出してくる人物だ。不動産プロジェクトの将来性に関する彼の数字は、いつも理路整然としていて説得力がある。

事実、彼と、ウォールストリートの天才児であるそのビジネスパートナーに初めて会い、彼らが興味を持っている物件の写真や、建築家の完成予想図を見た私は、すっかり乗せられてしまった。私は出資パートナーになった。

この2人とは、これまでに3件の取引をしたが、今のところ一銭も儲かっていない。数字は、まさに公認会計士が作った決算書よろしく、すべてがきっちり整合しているように見える。問題は実行面だ。プロジェクトが予定内に完了したり、予算内におさまったりしたためしがない。きまって何か問題が生じたり、ドラマのような出来事が起きたりする。例えば、環境保護運動のグループや役所の都市計画担当者、銀行とトラブルになるといったことだ。

何年にもわたってつまらない言い争いを繰り返したあげく、かの天才児といわれたパートナーが去っていった。私が投資したそのプロジェクトは今でも続いているが、これまでのところ、私にまったく何の利益をもたらしていない。

●補完的な関係

2番目のパートナーはケン・マクロイだ。彼は著述家でもあり、個人的な友人でもある。妻のキムと私は、ケンとやっているビジネスで最も多くの利益を上げている。それにはいくつか理由がある。

1．同じ投資哲学を共有している。

私たちは、不動産物件を購入したら、それを改良し、保有し続け、不動産ローンの借り換えをするというやり方をとっている。物件を売ることは基本的に好まない。

2．彼の専門家としての知識や経験が、私の欠けている部分を補ってくれている。

ケンは米国南西部で最大の不動産管理会社を所有している。彼のパートナーであるロスは不動産デベロッパーだ。2人ともそれぞれの分野で20年近い経験がある。

彼は長年にわたり不動産管理の仕事をしてきたので、物件の価値を評価する知識と技術に長けている。ロスは、物件の改修工事を、予定内にしかもしばしば予算以下の費用で仕上げるノウハウを持っている。

3．同じ戦略でやり続けている。

ケン、ロス、キム、そして私は、同じ戦略でやり続けるのが好きだ。お金を投資し、物件を改良し、家賃を上げてより質の良い入居者を確保する。物件の再評価を行い、それを担保にお金を借りて次の物件に投資する。このプロセスを繰り返す。

●投資の収益は無限大

1つ例を挙げよう。900万ドルの値のついた300室のアパート1棟におよそ250万ドルを投資し、その物件を改良するのに建築融資を確保した。1年後、もっと高い家賃でより良い入居者を集められた上に空室率も下がったおかげで、その物件の評価額は1400万ドルに跳ね上がった。

評価額が上がったので、借り換えをしてさらに金利の低いローンを新たに組んだ。その結果、400万ドルの資金が無税で手に入った。このお金が無税なのは、それが利益ではなく融資だからだ。毎月のローンの返済は、入居者の支払う家賃でまかなう。

この投資戦略では、投資収益率は実際には無限大になる。自分のお金をまったく投資していないのに、毎月のキャッシュフローが得られるだけでなく、物件をコントロールする力を維持できる。私にとっては、不動産を買って、値上がりしたら売るという方法よりもいいやり方だ。そんなことをしたら、利益に税金がかかるからだ。「内国歳入法1031条に基づく不動産交換への課税繰り延べ」を利用してキャピタルゲイン課税の支払いを繰り延べするには、あわてて新しい物件を買いに走らなければならない。

（「内国歳入法1031条に基づく不動産交換への課税繰り延べ」制度のもとでは、不動産の売り手が一定期間内にキャピタルゲインを新しい物件に投資すれば、売却益にかかる税金の支払いを繰り延べることができる。実際の手続きはこの説明よりも複雑なので、不動産交換に関するエージェントの助けを借りることを強くお勧めする。米国内なら大方の不動産業者がエージェントを紹介してくれるはずだ。また、国によって制度に違いがある。）

●たくさんのカエルにキスをする

ケンのようなすばらしいパートナーを見つけるのは、すばらしい夫や妻を見つけるのに似ている。あなたが夢見る王子様やお姫様を見つけるには、たくさんの「カエル」にキスをしなければならない。それ以上にうまい方法を私は知らない。

金持ち父さんはよく言っていた。「良いパートナーを見つけたければ、まず自分が良いパートナーになる必要がある」

明らかに、これは恋愛だけでなくビジネスにも当てはまる。私に言わせれば、初めの一歩として一番いい方法は、鏡を見ながら次のように自分に問いかけることだ。「私が提供できるものは何だろうか。私は、自分が一緒にビジネスをしたいと思うような人物だろうか。」自分の長所と短所を正直に評価することが重要になる。

ケンとロスとキムと私が非常にうまくやっているのは、1つには、4人とも不動産が大好きで、しかも、それぞれの長所と短所を互いに補い合っているからだ。そして、4人とも資金調達の名人でもある。この4人が良いチームなのは、4人の間に相乗効果が生まれるからであり、その相乗効果こそが「お金」だ。

●出口戦略を用意する

私の一番大切なパートナーは、結婚してかれこれ21年になる妻のキムだ。彼女とはじめて出会ったのは、私が共同事業でひどい失敗をやらかした後で、借金にどっぷり漬かっていた。それでも私は、キムとの初めてのデートで「金持ちになるのは嫌かい?」と聞いた。金持ちになるという目標をパートナーが共有してくれないと、金持ちになるのは難しい。キムがいなければ今の私はなかっただろう。

次に重要なのは、パートナーシップを組むときは必ず出口戦略を用意しておくことだ。私のパートナーであるドナルド・トランプは、夫婦はみな婚前契約を交わしておくべきだと言っている。確かに、結婚する前いに一方が他方よりもずっと金持ちなら、婚前契約は重要なものになる。私とキムは婚前契約こそ交わしていないが、それぞれが自分で管理する会社を持っている。

それでもドナルドが言っていることはやはり正しい。出口戦略を考えるなら、パートナーシップを組む前が一番いい。何人かのハズレを経験して理想的なパートナーが見つかったときこそ、出口戦略を考えるべきだ。また、理想的だと思ったパートナーが「カエル」に戻ってしまうこともあるということ、「カエル」が相手では良い取引はできないということも覚えておこう。

（2007年7月9日）

第49回 最善の策は「でっかく考える」こと

もう何年も前のことだが、私が不動産投資を始めたころ、「売り物件」という看板のかかった不動産に出くわした。業者に電話して、「どういう物件で、いくらなのか」と聞いた。

その業者は、丁寧に、辛抱強く説明してくれた。「テナント数6つの商業ビルです。テナントは、カイロプラクター、歯科医、ヘアスタイリスト、会計士、保釈保証人です。価格は200万ドルです」

●大物を獲り逃がす

私はほとんど窒息しそうになった。「200万ドル。そりゃ、高過ぎるね」

30年前、200万ドルと言えば大金だった。その物件を調べることなく、私は価格に怖じ気づいてあきらめた。その取引を真剣に考えることもせず、この売り主は頭がおかしく、強欲で、市場の状況を知らないのだと決めつけた。

現在、その物件は高級ホテルになっている。実に見事なホテルだ。少なく見積もっても1億5000万ドルの価値はあるだろう。もっと高いかもしれない。

●安い教訓

その物件の潜在的な価値を見なかったという経験は、私に多くのことを教えてくれた。その中で特に大切な2つを説明しよう。

1．時として、おろかな行いをしたり、間違いを犯したりすることで、より多くのことを学ぶ。
2．より良いプランを持っている人が勝つ。

さっきの例では私のプランは小さすぎた。実際のところ、その時私が持っていた唯一のプランは、テナントから家賃をもらい、そのお金でローンと経費を支払い、少しばかり自分のポケットに入れるというものだった。30年前の私は、6人の小規模なテナントからの家賃では、200万ドルの不動産を買うことは到底できないということを知っていた。

その後、ある人がその物件を売り手の言い値で買い付け、所有者になったことを知った。ただし彼は、1つ条件をつけた。まず5万ドルを手付け金として支払い、残りの支払い計画をまとめるために180日くれと要求した。その180日の間に、彼は、この物件に投資する人たち、建設会社、テナントとして大手のホテルチェーンを見つけた。

もし計画をまとめられなかったならば、彼は手付け金を失うことになっていた。しかし、180日が経過するまでに、投資家たちは200万ドルの現金を出した。彼はその後の3年間をかけて、市の都市計画委員会の許可をもらい、建設を開始した。より良いプランを持っていたために勝てたのだ。

●発想を広げる

ドナルド・トランプはよく、「でっかく考えろ（Think big）」と言う。彼はまさしくそれを実践している。しかし、私は、元来そういう性格ではない。自分はハワイの小さな町の出身だからというのが私の言い訳だ。私の家族は金持ちではなかった。だから、お金のことになると、慎重に考える傾向がある。投資の機会を見つけることに関しては、私の思考は中規模にはなってきたが、もっと大きな発想ができればと思っている。

ニューヨークでトランプと組んでビジネスをするのが好きな理由は、彼が大きな発想をさせてくれるからだ。ニューヨークでは、大きく発想しなければつぶされる。小さな発想しかできなければ、テレビに出演することもできないし、大手の出版社から本を出すことも、マジソンスクエアガーデンのような場所で何万人もの聴衆に向かって講演することもできない。

いま私は、ドナルドに提案するための不動産プロジェクトを練っている。その結果、私は、自分の発想を広げ、視野を拡大し、単に価格だけでなく、贅沢さについても考えている。たとえドナルドがそのプロジェクトに気乗りせず、彼と組むことがなかったとしても、そのプロジェクトを彼に提案するために準備をするだけで、大きな発想とより良いプランが必要になる。

●過去からのメッセージ

1年ほど前、ある人から、すばらしいマンションが売りに出たという電話をもらった。彼女は、それを見る気があるかと私に聞いた。もちろん私は、「イエス」と答えた。私は、彼女がすばらしいというのはどの程度のものか知りたかった。確かに、すばらしい物件だった。そして彼女は言った。「価格はたったの2800万ドルなのよ。でも、2400万で買えると思うわ。その値段ならすごいお買い得よ」

私はあの時と同じように、「それは高すぎる」と考えていた。だが前にも言ったように、30年前の教訓は極めて貴重なものだった。私の中で、小さな発想をする自分がそのマンションの価格について感想を言うのを聞いたあと、私は深呼吸をして、「どんなプランだろうか」と自分に向かって言った。そして、「自分のプランのどこがいけないのか」と問いかけてみた。

結局、そのマンションは買わなかったが、より良いプランを考えついた。その後の数日間で、自分にそのマンションを買うだけの余裕がなかったのは、自分のビジネスのスケールが小さすぎるからだということに気づいた。このような高級マンションを買おうと思ったら、もっと良いビジネスプランが必要になる。現在、私は自分のビジネスプランをより良いものにするために今まで以上に努力している。そのマンションが欲しいからではなく、いつかそのような物件が欲しくなった時に買うだけの余裕を持つためにだ。

●将来のためのプラン

この本の中で、私は、ドルの下落について心配していることについて何度も書いてきた。ドルの購買力が下がると、良質な不動産や株式のような実物資産の価格が上がる場合が多い。私が心配しているのは、多くの人が有形資産を買えずに、ドルの下落によってより貧しくなってしまうのではないかということだ。この購買力の下落は、金持ちとそれ以外の人々の間の格差を広げる。

資産価格の上昇とドル安から自分を守る方法は、大きな発想をして、より良いプランを考えることだ。マネーやビジネスのプランと同じように大切なのは、自分の能力開発や自己改革のためのプランだ。私は、ビジネスプランに投資して欲しいとよく人に頼まれるが、たいていの場合は断っている。大きなプランは、自分の能力開発に時間を費やした大きな人物にしか作れないからだ。多くの場合、そうしたビジネスプランはそれを作った人物よりも大きい。つまり、夢のほうがその夢を追う人より大きいのだ。

今では、あの時200万ドルの物件を買わなくてよかったと思っている。私がその経験から学んだ最高の教訓は、より良いビジネスプラン、そしてより良い人物になるためのプランがあれば、より良い人生を送れるということだ。

さて、あなたのプランはどうだろうか。

(2007年7月23日)

第50回 銀――不安な投資家の希望の光

サブプライム問題は広範囲に影響を及ぼしており、さらに悪化しているようだ。自宅を失おうとしている人にとっては悪夢のようだろう。

株式市場は分裂症気味だ。上がったと思ったら次の日には下がる。あなたがデイトレーダーなら、不安定な相場は絶好のチャンスだろう。引退を間近に控えている人にとっては、この状況は心臓に悪いはずだ。

●狙い目

商業不動産市場はすばらしい状況だ。私は、オクラホマ州タルサにある350室のアパートを1棟買った。そのために金利4・9％の債務承継型ローン（assumable loan）を組んだ。家賃は安く、石油産業は雇用を生み出しており、アパートの需要は大きい。

どんな市場もそうだが、不動産市場は一部の人にとっては恐ろしいものだが、一部の（私のような）人間にとっては最高のものだ。

私は不動産が好きだが、いま最も可能性の高い投資対象は銀だと思っている。この貴金属は今や、石油やグーグルさえもしのぐ、近年で最も劇的な投資ドラマになろうとしている。

●銀の輝き

理由を説明しよう。

1．銀は産業用の消耗材料である

銀は、コンピュータ、携帯電話、継電器などに使われている。中国、インド、ベトナムのような国や東欧のような地域が経済発展するにつれて、銀に対する需要は高まる。

銀は医療分野でも使われている。あまり知られていないが、殺菌剤として利用される。銀は、古くからこの役割を果たしてきた。カテーテルや聴診器といった医療機器には銀が使われている。欧米の病院はどこでも、感染を防ぐためにスルファジアジン銀を使っている。

2．銀は金よりも希少である

金は貯蔵されている。ある推計によると、これまでに掘り出された金のうち全体の95％は現存している。銀はその正反対だ。これまでに掘り出された銀の95％は既に消費された。

全体の45％は産業用に、28％は宝飾品に、20％は写真に使われている。わずか5％がコインになる。

3．銀の供給は減少している

１９００年には、世界に１２０億オンスの銀があったと推計されている。１９９０年までに、これが22億オンスに減った。２００７年までには、この量が3億オンスにまで減ると見られている。

もっと悲観的な予測では、およそ10年で銀は枯渇する。そうなれば、世界経済に破壊的な影響をもたらす。10年後には、銀が、１バレル２００ドルの原油と同じほどの影響を世界経済に対して持つ可能性がある。

●絶対安全な投資？

貴金属である銀はマネーでもある。ドルが下落しているので、金と銀が資産の目減りを防ぐ防御手段として注目されている。現金は紙くずであり、不動産はリスキーであり、株式市場は不安定すぎるという現実に気づく人が増えてくると、銀は安全かつ有利な投資対象となるかもしれない。

この原稿を書いているときの銀価格は、1オンス当たりおよそ13ドルだ。産業用の消費が続き、金融パニックが起これば、銀価格がどこまで上がるかは想像もできない。1979年から1980年の間に、銀は1オンス48ドルまで値上がりした。現在の価格に換算すれば80ドルになる。

そして最近、銀の上場投資信託（ETF）が、新しい銀投資の手段として登場した。銀のETFに注目する理由は、ETFが、ドルのような偽のマネーではなく、本当のマネーだからだ。

●ETFの魅力

1963年まで、ドルは銀と交換できる本当のマネーだった。1963年以降は、もはや銀に裏付けされない連邦準備銀行券になった。銀ETFは昔のマネーと同じだ。ドルの購買力が下落し続ければ、この新しいETFが「新しい旧貨幣」になるかもしれない。

銀ETFのメリットは、一般大衆が簡単かつ便利に銀を保有できるという点にある。銀ETFを保有するのは、実際の銀を保有するより簡単だ。実際の銀は重く、金庫のような安全設備が必要になる。また、銀ETF投資は、リスクのある銀採鉱関連株への投資よりも安全だ。

銀ETFの仕組みは単純だ。例えば、銀が1オンス13ドルならば、その価格で好きなだけの量を買う。銀価格が上がれば儲かり、下がれば損をする。実際の銀を買っているので、リスクは小さい。倒産するかもしれない銀採鉱会社の株を買うのとは違う。ETFがちゃんとしたもので、投資家の銀を守ってくれている限り安全である。（注意　銀ETFの信頼性はまだ証明されていないので、慎重に投資すること。）

●有望な投資

私の予想では、経済発展する国や地域の増加に伴い、銀に対する産業需要は増大する。同時に、ドルの購買力が低下するに従い、普通の投資家が銀ＥＴＦの利便性に気づき、購入するようになる。

その結果、ＥＴＦ需要によって産業用の銀の供給が枯渇する。近い将来、おそらく今後2年から5年くらいの間に、この2つの需要が衝突し、銀価格は現在市場にあるどんなものよりも速い速度で値上がりするだろう。

●銀マニアの誕生

私個人が最初に銀に興味を持ったのは、１９５７年に10歳でコイン収集を始めた時だ。私が真性の銀マニアになったのは１９６５年、連邦政府が銀貨の流通を止め、１ドル硬貨の銀含有量を90％から40％に下げた時だ。すぐに私は、地元の銀行でコインを大量に買って、その中から本当の銀貨を探し始めた。

その当時、私は自分が「悪貨は良貨を駆逐する」というグレシャムの法則に従って行動していたのだとは知るよしもなかった。今でも私は、子供のころに集めた銀貨を持っている。

コイン以外のものに投資していればもっと儲かっていたかもしれないが、銀への愛着のお陰で、銀市場を観察し、理解することができた。50年間銀投資をしてきた結果、銀が、間もなく、優良なというよりは、ずば抜けてすばらしい投資対象になることを確信している。ひょっとしたら一生に一度のチャンスかもしれない。もっとも、私はこのことをもう50年も言い続けているので、私のアドバイスをまじめに受け止めることもないのかもしれない。

●銀を買うには

銀投資には３つの方法がある。

1. コイン商からコインを買う。
2. 銀採鉱会社の株を買う。
3. 証券会社を通して、慎重に銀ETFを買う。

Kitco や Gold & Silver Inc. のサイトに、より詳しい情報がある。

（2007年8月20日）

著者・訳者紹介

ロバート・キヨサキ
Robert Kiyosaki

日系四世のロバートはハワイで生まれ育った。家族には教育関係者が多く、父親はハワイ州教育局の局長を務めたこともある。ハイスクール卒業後、ニューヨークの大学へ進学。大学卒業後は海兵隊に入隊し、士官、ヘリコプターパイロットとしてベトナムに出征した。

　ベトナムより帰還後、ゼロックス社に勤務。一九七七年にナイロンとベルクロ（マジックテープ）を使ったサーファー用財布を考案、会社を起こした。この製品は全世界で驚異的な売上を記録し、ニューズウィークをはじめ多くの雑誌が、ロバートとこの商品をとりあげた。さらに一九八五年には、世界中でビジネスと投資を教える教育会社を起こした。

　一九九四年、自分の起こしたビジネスを売却。四十七歳でビジネス界から引退したが、ロバートの本格的な引退生活は長くは続かなかった。その間に『金持ち父さん　貧乏父さん』を書き上げ、この本はアメリカをはじめ世界各地で大ベストセラーとなり、今では五十一カ国語に翻訳され、一〇九以上の国々で出版されている。続いて『金持ち父さんのキャッシュフロー・クワドラント』『金持ち父さんの投資ガイド』『金持ち父さんの子供はみんな天才』などを次々に出版。いずれもウォールストリート・ジャーナル、ビジネス・ウィーク、ニューヨーク・タイムズ、Eトレードなどのメディアでベストセラーに名を連ねている。

　ロバートはまた、金持ち父さんが何年もかけて自分に教えてくれたファイナンシャル戦略、自分が四十七歳で引退するのを可能にしてくれた戦略をみんなに教えるために、ボードゲーム『キャッシュフロー』を開発した。

　二〇〇一年、「金持ち父さんのアドバイザー」シリーズの第一弾が出版された。このアドバイザーチームは、「ビジネスと投資はチームでやるスポーツだ」と信じるロバートを支援する専門家たちからなる。

　ロバートはよくこう言う。「私たちは学校へ行き、お金のために一生懸命働くことを学ぶ。私はお金を自分のために働かせる方法をみんなに教えるために、本を書いたり、いろいろな製品を作る。この方法を学べば、私たちが生きるこの世界のすばらしさを思う存分満喫できる」

井上純子
Inoue Junco

国際基督教大学教養学部語学科卒業。ビジネス翻訳・通訳を多数手がけ、現在は、海外書籍・製品の日本導入に際し、権利交渉から日本語版制作・製造販売までを含めた総合的な支援事業を行う。

金持ち父さんシリーズ

- 「金持ち父さん　貧乏父さん――アメリカの金持ちが教えてくれるお金の哲学」
- 「金持ち父さんのキャッシュフロー・クワドラント――経済的自由があなたのものになる」
- 「金持ち父さんの投資ガイド　入門編――投資力をつける16のレッスン」「金持ち父さんの投資ガイド　上級編――起業家精神から富が生まれる」
- 「金持ち父さんの子供はみんな天才――親だからできるお金の教育」
- 「金持ち父さんの若くして豊かに引退する方法」
- 「金持ち父さんの予言――嵐の時代を乗り切るための方舟の造り方」
- 「金持ち父さんの金持ちになるガイドブック――悪い借金を良い借金に変えよう」
- 「金持ち父さんのパワー投資術――お金を加速させて金持ちになる」
- 「金持ち父さんの学校では教えてくれないお金の秘密」
- 「金持ち父さんの起業する前に読む本――ビッグビジネスで成功するための10のレッスン」以上、すべてロバート・キヨサキ、シャロン・レクター著／白根美保子訳／筑摩書房
- 「金持ち父さんのサクセス・ストーリーズ――金持ち父さんに学んだ25人の成功者たち」キヨサキ、レクター著／春日井晶子訳／筑摩書房
- “Rich Dad's Escape from the Rat Race”
- 「人助けが好きなあなたに贈る金持ち父さんのビジネススクール――ネットワークビジネスから学ぶ8つの価値」マイクロマガジン社

ドナルド・トランプとの共著

- 「あなたに金持ちになってほしい」ドナルド・トランプ、ロバート・キヨサキほか著／白根美保子、井上純子訳／筑摩書房

キム・キヨサキの本

- 「リッチウーマン」キム・キヨサキ著／白根美保子訳／筑摩書房

金持ち父さんのアドバイザーシリーズ

- 「セールスドッグ」ブレア・シンガー著／春日井晶子訳
- 「不動産投資のABC」ケン・マクロイ著／井上純子訳／以上、筑摩書房
- “Own Your own corporation” by Garrett Sutton
- “How to Buy and Sell a Business” by Garrett Sutton
- “The ABC's of Building a Business Team That Wins” by Blair Singer
- “The ABC's of Getting Out of Debt” by Garrett Sutton
- “The ABC's of Writing Winning Business Plans” by Blair Singer
- “The Advanced Guide to Real Estate Investing” By Ken McElroy

金持ち父さんのオーディオビジュアル

- 「ロバート・キヨサキのファイナンシャル・インテリジェンス」タイムライフ（CDセット）
- 「ロバート・キヨサキ　ライブトーク・イン・ジャパン」ソフトバンクパブリッシング（DVD）
- 「金持ち父さんのパーフェクトビジネス」マイクロマガジン社

本文で紹介された本

- 「ドル暴落から、世界不況が始まる」リチャード・ダンカン著／徳川家広訳／日本経済新聞社
- 「イェール大学CFOに学ぶ投資哲学」デイビッド・スウェンセン著／瑞穂のりこ訳／日経BP社
- 「投資と金融――資本主義経済の不安定性」ハイマン・ミンスキー著／岩佐代市訳／日本経済評論社
- “What's the matter with Kansas?” by Thomas Frank
- 「米国はどこで道を誤ったか――資本主義の魂を取り戻すための戦い」ジョン・ボーグル著／瑞穂のりこ訳／東洋経済新報社

金持《かねも》ち父《とう》さんの金持ちがますます金持ちになる理由《りゆう》

二〇〇八年七月二五日　初版第一刷発行

著者　ロバート・キヨサキ
訳者　井上純子
発行者　菊池明郎
発行所　筑摩書房
東京都台東区蔵前二―五―三　〒一一一―八七五五　振替〇〇一六〇―八―四一二三
本文フォーマット　鈴木成一デザイン室
装丁　岡田和子
印刷　中央精版印刷
製本　中央精版印刷
ISBN978-4-480-86384-3 C0034

乱丁・落丁本の場合は、左記宛に御送付下さい。
送料小社負担でお取り替えいたします。
ご注文・お問い合わせも左記へお願いします。
〒三三一―八五〇七　さいたま市北区櫛引町二―六〇四
筑摩書房サービスセンター　電話〇四八―六五一―〇〇五三

『キャッシュフロー101』でファイナンシャル・インテリジェンスを高めよう！

読者のみなさん

『金持ち父さんシリーズ』を読んでくださってありがとうございました。お金についてためになることをきっと学ぶことができたと思います。いちばん大事なのは、あなたが自分の教育のために投資したことです。

私はみなさんが金持ちになれるように願っていますし、金持ち父さんが私に教えてくれたのとおなじことを身につけてほしいと思っています。金持ち父さんの教えを生かせば、たとえどんなにささやかなところから始めたとしても、驚くほど幸先のいいスタートを切ることができるでしょう。だからこそ、私はこのゲームを開発したのです。これは金持ち父さんが私に教えてくれたお金に関する技術を学ぶためのゲームです。楽しみながら、しっかりした知識が身につくようになっています。

このゲームは、楽しむこと、繰り返すこと、行動すること——この三つの方法を使ってあなたにお金に関する技術を教えてくれます。『キャッシュフロー１０１』はおもちゃではありません。それに、単なるゲームでもありません。特許権を得ているのはこのようなユニークさによるものです。このゲームはあなたに大きな刺激を与え、たくさんのことを教えてくれるでしょう。このゲームは、金持ちと同じような考え方をしなくては勝てません。ゲームをするたびにあなたはより多くの技術を獲得していきます。ゲームの展開は毎回違います。あなたは新しく身につけた技術を駆使して、さまざまな状況を乗り切っていくことになるでしょう。そうしていくうちに、お金に関する技術が高まる

『キャッシュフロー101』
家庭で楽しみながら学べる
MBAプログラム

『キャッシュフロー・フォー・キッズ』
6歳から楽しく学べる子供のためのゲーム

と同時に、自信もついていきます。

　このゲームを通して学べるような、お金に関する教えを実社会で学ぼうとしたら、ずいぶん高いものにつくこともあります。『キャッシュフロー101』のいいところは、おもちゃのお金を使ってファイナンシャル・インテリジェンスを身につけることができる点です。

　はじめて『キャッシュフロー101』で遊ぶときは、むずかしく感じるかもしれません。でも、繰り返し遊ぶうちにあなたのファイナンシャル・インテリジェンスが養われていき、ずっと簡単に感じられるようになります。

　このゲームが教えてくれるお金に関する技術を身につけるためには、まず少なくても六回はゲームをやってみてください。そのあと本などで勉強すれば、あなたはこれから先の自分の経済状態を自分の手で変えていくことができます。その段階まで到達したら、上級者向けの『キャッシュフロー202』に進む準備ができたことになります。『キャッシュフロー202』には学習用のCDが5枚ついています。

　子供たちのためには、六歳から楽しく学べる『キャッシュフロー・フォー・キッズ』があります。

『キャッシュフロー』ゲームの創案者
ロバート・キヨサキ